KB110261

독립유적지
동행하기

독립유적지 동행하기

발행일   2022년 8월 30일

지은이   어동구
펴낸이   손형국
펴낸곳   (주)북랩
편집인   선일영   편집   정두철, 배진용, 김현아, 박준, 장하영
디자인   이현수, 김민하, 김영주, 안유경   제작   박기성, 황동현, 구성우, 권태련
마케팅   김회란, 박진관
출판등록 2004. 12. 1(제2012-000051호)
주소   서울특별시 금천구 가산디지털 1로 168, 우림라이온스밸리 B동 B113~114호, C동 B101호
홈페이지 www.book.co.kr
전화번호 (02)2026-5777   팩스   (02)2026-5747

ISBN   979-11-6836-434-9 03910 (종이책)   979-11-6836-435-6 05910 (전자책)

상하이에서
하얼빈까지
민간 외교관의 대장정

독립유적지
동행하기

한국에서 태어나고 중국에서 활동한
인물들 이야기

여동구 지음

북랩

프롤로그

　대학 졸업 후 1996년부터 서울에서 직장생활을 하면서 금호고속 9년, 금호그룹 회장부속실 7년, 금호타이어 4년을 한국에서 근무하다가 20년 차인 2016년부터 중국 파견근무를 하게 되었다. 2016년에 텐진(天津)을 시작으로 2017년에 상하이(上海), 2019년에 장춘(长春), 2021년에 다시 텐진, 2022년에 다시 상하이로 근무지를 옮기면서 나의 중국 생활도 어느덧 7년이 되어가고 있다.

　중국파견을 꿈꾸며 2006년부터 중국어를 준비한 덕에 2014년 HSK 5급을 획득하게 되었고 한국여행자협회(KATA)에 근무하는 이재희 차장님이 관광통역안내사 자격증을 소개했다. 학원도 안 다니고 독학으로 준비하다가 재수 끝에 필기시험과 면접을 통과해서 2015년 10월에 자격증을 획득하였다.

　관광통역안내사는 유효기간 2년 이내 어학 자격을 갖춘 상태에서 필기 시험은 관광법, 관광학개론, 관광자원, 한국사 4과목을 평균 60점 이상 획득해야 하고, 면접은 중국어로 듣고 말하기에서 역시 60점 이상 획득해야 한다. 필기시험 중 한국사는 지하철 출퇴근 시 EBS 고등학교 과정을 휴대폰 동영상강의로 들으며 공부했고 다른 과목은 책을 보면서 공부를 했는데 단번에 합격했다. 면접시험은 혼자서 중국영화와 방송을 보고 중국 직원과 대화하면서 면접시험용 책으로 공부했는데 운이 좋게 합격하였다. 한국에서 관광통역사 자격증을 보유하는 사람은 대부분 조선족이거나 화교 출신인데, 한국인 보유자는 5천 명이 안 될 것이다.

중국에 막상 발을 디뎠을 때는 그동안 준비했던 중국 주재원이 됐다는 것에 너무 기뻤고 가족에게 해외 생활의 기회를 만들어 준 것에 대해 회사와 주변 분들에게 감사드렸다. 특히 어렸을 때 꿈이었던 스위스 외교관은 아니지만, 회사 파견으로 중국에 살게 되었다는 것이 꿈을 이룬 것 같아서 뿌듯했다.

중국이라는 나라는 땅도 넓고 인구도 많고 물자도 풍부한데, 볼거리 또한 엄청나게 많은 곳이다. 많은 여행객이 블로그에 소개된 유명관광지와 먹거리를 찾아다니고, 중국에 사는 한국 분들은 대개 주말에 골프를 치거나 체육활동을 하면서 시간을 보냈지만 나는 박물관과 유적지를 찾아다녔다. 특히 근현대사와 연관이 있는 항일투쟁과 거기에 참여한 한국인과 중국인이 활동했던 장소를 정해서 여행하였고 중국 고전이나 공산당과 관련된 장소를 찾아다녔다.

중국에서 지낸 지 7년이 되다 보니 나름대로 독립운동과 중국 혁명사에 대한 지식이 쌓였지만 활용한다는 생각을 못 하던 중에 2022년 3월 중순부터 시작된 상하이지역 코로나 격리생활 중에 우울해지는 마음을 다스리기 위해 뭔가를 해야겠다는 마음이 들었다. 그리고 50살 전에 나만의 기록과 이름을 남기겠다는 작은 욕심과 중국에 사는 교민이나 학생들에게 소중한 독립운동 유적지와 인물들을 알려야 한다는 책임감이 들었다.

한 번도 책을 써본 적이 없는 상황에서 막막하기만 했는데 내가 직접 가봤던 장소를 중심으로 관련된 인물과 사건이 있었고 그 이야기를 알려준다는 단순한 생각으로 기행문 형식으로 써보자는 마음으로 펜을 들었다. 내가 찾아갔던 장소를 독자들이 찾아가도록 하는 가이드북 형식이 좋겠다고 결정하고 내가 가진 자료와 지식을 동원해서 이야기를 써 내려갔다.

소개된 장소는 인터넷에서 찾기도 하고 한국 서적과 소설을 참고하였고 중국 서적은 단어사전을 찾아가며 힌트를 찾았고 네이버와 바이두(百度)를 검색해서 발로 직접 찾아다닌 곳이다. 또한 한국인과 교류한 중국 인물을 찾았고 박물관에 소개된 사진에서 단서를 찾기도 했다.

마침 내가 주재원 생활을 했던 텐진(天津), 상하이(上海), 장춘(長春)은 독립운동과 근현대사의 성지와도 같은 곳으로 텐진은 아편전쟁 이후 서구열강이 침범하고, 상하이는 외국 조계지를 운영하였고, 장춘은 항일무력투쟁과 조선 이민의 역사를 가진 곳이어서 중국의 근현대사와 한국의 독립운동사를 담을 수 있는 지역이었다.

　이 책은 한국이 아닌 중국 땅에 살았던 인물과 장소와 사건에 관한 이야기다. 동시에 중국지역 여행가이드 자격으로 추천할 수 있는 곳을 담고 있다.

　우리가 근대사를 얘기할 때면 어쩐지 슬프고 엄숙했을 것 같지만 실상 대다수 일반 서민과 상인들의 삶에는 그래도 웃음이 있었고 사랑도 꽃피었을 것이다. 대한민국임시정부 요원과 항일투쟁 열사와 같이 알려진 분들도 있지만 그분들과 무관하게 중국에 살면서 자신의 분야에서 활동했던 장소와 인물들도 소개되어 있으니 그 당시의 숨결을 느낄 수 있었으면 하는 바람이다.

　역사는 기억하고 기록하는 것이고, 기록하면 언젠가는 세상에 알려질 거라 믿는다.

중국 생활 7년 중 3년을 떨어져 살면서도 나의 취미생활을 지지해 주고, 아이들을 잘 키워준 사랑하고 아름다운 아내 안미정 여사와 아빠가 곁에 없는데도 훌륭하고 대견하게 커 준 큰아들 여인창과 믿음직하고 든든한 작은아들 여인혁에게 고마움을 전한다.

한 분 한 분 거명할 수 없으나 금호고속, 금호타이어 회사 동료, 선후배 분들과 부족한 나를 잘 따라준 중방직원들에게도 고마움을 전한다.

중국 생활에 물심양면으로 지원해준 상하이(上海) 조선족 큰 사업가이신 조국철(曹国哲) 형님과 장춘(长春) 최고의 한식 맛집인 용수산(龙秀山) 김현구 사장에게 고마움을 전하고, 끝으로 멋진 약도를 그려줘서 책을 풍성하게 해준 텐진(天津)의 대학 동창 함경락 작가에게 감사를 드린다.

책의 구성

이 책에 소개된 장소와 인물과 사건은 나 혼자서 찾은 자료와 정보에 의한 것이므로 일부 검증이 안 된 부분이 있을 수 있고 해석이 다르거나 인물에 대한 평가가 정반대일 수도 있다. 고증이 안 된 부분이 있다면 넓은 포용심으로 이해를 구하고 한편으로 역사 해석은 자유라는 생각으로 봐주었으면 한다.

소개된 장소는 한국인이나 한국과 관련된 사건을 넣으려고 했고 어떤 인물이나 사건은 여러 차례 반복해서 나온 것도 있다. 중국사건만 소개된 것은 내가 여행하면서 한번 들러 보면 나름 의미가 있다고 생각해서 포함하였다. 이 책을 보고 부족한 부분이 생겼다면 읽는 분께서 관심이 생겼다는 좋은 징조이니, 인물과 사건과 장소를 인터넷에서 직접 찾아 주실 것을 당부드린다.

최대한 현재의 위치와 이름으로 기재하였고 한국과 중국 위인들이 포함되어 있어 존칭은 생략하였으며 중국 인물의 이름과 장소는 중국식 발음을 한국어로 기재하고 중국어를 같이 표기하였다.

언제부턴가 사진을 찍을 때 나의 심벌인 '두 손가락을 같이' 넣어서 사진을 찍었는데, 내 발로 직접 가서 봤다는 의미로 나만의 시그니처다. 처음부터 책을 만들려고 찍은 사진이 아니고 소장용이었다.

지역마다 약도를 첨부해 두었고 뒷부분에 이 책에서 소개된 장소와 주소를 정리하였으니 책에 소개된 장소를 찾아가실 때 지도 앱에 미리 표시해두면 쉽게 찾아갈 수 있을 것이다.

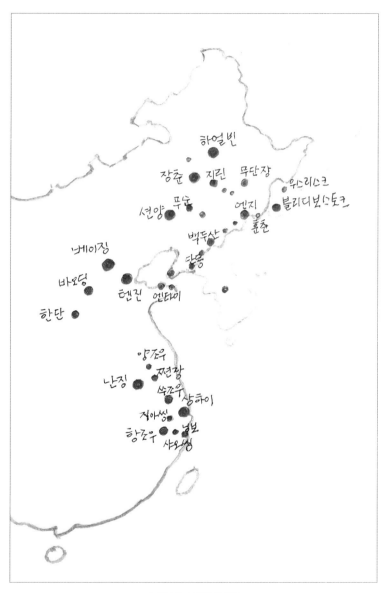

▲ 책속에 소개된 도시들

차 례

1장   텐진 지역

2장   화북 지역

3장 동북 지역

5장 상하이 지역

6장   화동 지역

1장

톈진 지역

톈진(天津) 소개

　톈진(天津)이라는 지명은 영락제(永乐帝)와 관련이 있다. 명나라를 세운 주원장(周元璋)의 손자가 황제로 등극하자, 이에 반기를 든 영락제가 본인이 통치하던 연(燕)나라 땅에서 강을 건너 운하로 난징(南京)으로 가서 '정란의변(靖难之变)'을 일으켜 조카를 밀어내고 황제가 되었다. 이후에 그는 강을 건넌 장소를 가리켜 "천자가 진을 건넜다"라는 뜻을 가진 천자진도(天子津渡)에서 이름을 따와 이곳을 톈진(天津)이라고 부르게 되었다.

▲ 천진 지명 발원지

텐진(天津)은 1840년 아편전쟁 이후 서구 열강의 중국 침략의 서막을 알리는 시작점이었고, 서양 열강 8개국이 조계지(租界地)를 형성한 후 근대적인 문물인 은행, 전력, 우편, 호텔이 도입된 도시다. 조계지에는 조선 청년들이 돈을 벌기 위해 그리고 독립운동을 하기 위해 모여들었고 외국자본에 의한 학교설립으로 조선 유학생이 많았다. 또한 공산주의 계열의 뜻있는 젊은이들이 베이징(北京)과 텐진을 오가면서 활동한 곳이기도 하다. 텐진에서 활동한 한국인 중에는 중국 종양학의 선구자인 김현택(金賢宅)이 있었고, 약산 김원봉은 덕화(德華)학원을, 영화배우 김염과 「아리랑」의 공산주의자 김산은 남개(南開)중학을 다녔다. 또한 위안스카이(袁世凱)가 조선인 부인 세 명과 함께 살았던 고택이 있다. 이회영, 김원봉, 류자명 등 의열단과 아나키스트들의 활동 장소기도 하였다.

중국의 쑨원(孫文), 위안스카이(袁世凱), 푸이(溥儀), 장쉐량(張學良) 등의 주요 인물들이 신해혁명과 북양 정부에서 활동하였고, 일본 조계지에서 친일 행적을 한 곳이 지금도 남아 있다.

중국 종양학의 아버지 김현택(金賢宅)의 흉상

김현택은 1904년 서울에서 태어나 배재중학교 3학년 때 3·1운동에 참가하였고, 일본 수배를 피해 김규식의 조카 김진성과 함께 중국으로 넘어와 장지아코우(张家口)에서 병원을 운영하던 친형과 함께 생활하다가 상하이(上海) 호강대학(지금의 상해이공대학) 중학교를 다녔다. 호강대학 의학부를 우수한 성적으로 졸업하여 당시 선진의료시설을 갖춘 북경협화의학원에 합격하여 의사의 길을 시작하였다. 1930년에 중국 국적을 취득하고 미국뉴욕주립대학에서 박사를 취득하고 1939년에 미국에서 중국에 귀국하였다. 이후 텐진에

▲ 텐진시 종양병원에 있는 김현택 흉상

서 은광(恩光)병원을 운영하다 재차 미국에 건너가 종양학을 연구하여 중국 내 종양학 분야의 최고 전문가가 되었다.

1931년 918사변과 1937년 77사건 등 항일사변과 국공내전 등 혼란 속에서도 김현택은 의사의 길을 묵묵히 걸었고, 1951년에는 중국군 군의관으로 6·25전쟁에 참전하였다. 신중국 설립 후 텐진시 정협위원으로 활동하였고 문화혁명 때는 반동으로 몰려 재산이 몰수되는 수모도 겪었지만 1985년에 공산당에 가입하였고 중국항암학회를 설립하고 명예이사장이 되었다.

1987년 지금의 텐진시 종양병원 병원장이던 시절 꿈에 그리던 한국을 방문하고, 1990년 3월에 87세의 일기로 세상을 떠나게 된다. 1994년에 텐진시 종양병원 정문에는 그의 흉상이 설치되었고, 덕고의수(德高医粹 덕은 높고, 의술은 뛰어나다)라는 글귀가 쓰여 있다. 김현택은 조선인으로 유일하게 텐진시 박물관에 소개되어 있고 그의 고택은 우다다오(五大道)에 있다. 텐진시 위원회에서는 김현택 탄생 100주년 기념으로 우표를 발행하였는데, 2021년에 나도 어렵게 한 개를 구해서 보관하고 있다.

▲ 김현택 기념우표

호강대학을 졸업한 한국인 중에 단편소설 「운수좋은 날」로 알려진 현진건이 있고, 그의 사촌형이자 의열단원이었던 현정건이라는 인물이 있다. 현정건은 모던보이었다고 하는데 그의 매력에 빠진 기생 현계옥이 그를 보기 위해 대구권번에서 서울권번으로 옮겼다. 현계옥 역시 매일신보에서 '말 탄 기생'으로 이름이 알려질 만큼 활동적이고 매력이 있었다고 한다. 1919년 그녀는 그에게 "본인을 연인이나 여자가 아닌 동지로 봐달라." 며 독립운동가로서 의지를 밝혔고, 상하이로 건너가서 부부가 되었다. 상하이에서 그녀는 김원봉에게 자신의 뜻을 밝히고 여성 최초로 의열단원이 되었고 남편인 현정건은 항일투쟁 중 일본 경찰에 체포되어 3년 감옥살이 후 1932년 후유증으로 사망하였고 그녀는 시베리아로 건너갔다고 한다. 영화 밀정에서 한지민이 연기한 연계숙의 모티브가 되기도 하였다.

그녀에게는 이런 야사가 있다. 서울권번에서 일할 적, 현계옥의 손님 중에 전(田)씨 성을 가진 한 청년은 같이 한번 살아보면 여한이 없겠노라고 애원했으나 그녀는 흔들리지 않고 단호하게 거절한다. 실망한 청년은 현정건을 빗대어 현(玄)씨끼리 살면 자(玆)씨가 된다고 비꼬았고 구변 좋은 그녀는 현(玄)씨와 전(田)씨가 같이 살면 축(畜)씨가 된다고 대응한 것을 보면 그녀는 여장부였던 것 같다.

김현택이라는 인물은 정보가 많지 않아 그냥 잊고 지내다 2021년에 재차 텐진시박물관에 갔을 때 그의 소개자료가 그대로 있는 것을 보고 그의 흔적을 찾기 위해 자료를 찾았다. 그동안 우리는 전혀 알지 못하고 알려지지 않은 인물이지만 그는 중국 의학계와 텐진에서는 상당히 알려진 인물이었건만 그가 한국에서 중국으로 넘어온 것을 우리가 모르는 것이 안타까웠다. 2021년 가을 텐진에 사는 한인학교 선생님, 역사에 관심이 많은 교민과 함께 역사 유적지를 답사하면서 그의 흉상과 고택을 찾았을 때 정말 짜릿한 희열을 느꼈다. 한국인 기관이나 단체에서 김현택을 통해 텐진시 정부기관이나 종양병원과 관계를 맺어갔으면 하는 바람이다.

영화황제 김염과 아리랑의 김산이 다닌 남개중학

남개중학은 1906년 중국 교육자이자 정치가로 알려진 엔슈(严修), 장보링(张伯苓)이 남개(南开)학교를 설립하고, 1919년에는 남개(南开)대학을 설립하여 지금까지 이어져 오는 명문학교인데 창립자인 장보링은 안창호와도 교류하였고 조선인에 대한 애착과 관심이 많았다고 한다. 저우라이(周恩来)는 남개(南开)대학교, 원자바오(温家宝)는 남개(南开)중학 졸업생이고 우리 역사에는 독립운동가 김필순의 아들이자 영화황제 김염과 님웨일즈가 쓴 『아리랑』의 주인공인 김산이 남개(南开)중학을 다녔다.

김염은 서울에서 독립운동가이자 의사였던 김필순의 셋째 아들로 태어나 2살 때 아버지를 따라 길림성 류하현(柳河县)과 흑룡강성 치치하얼(齐齐哈尔)에서 어린 시절을 보낸다. 김필순은 황해도 용연군 출신으로 이 마을은 일찍 기독교를 접하였고 독립유공자가 8명이 나온 곳이기도 하다. 김필순의 집안 식구들은 대부분 독립운동에 투신한 분들로서 첫째 여동생 김구례의 남편 서병호는 상하이(上海)임시정부 요인이었고, 서병호의 아들인 서재현은 상하이 한인청년당의 독립운동가이고, 둘째 여동생 김순애는 임시정부 애국부인회장이었고 그녀의 남편은 김규식이고 셋째 여동생 김필례는 한국여성 운동가이고 그의 남편 최영욱은 의사로서 독립운동을 하였다. 그의 조카인 김마리아는 동경 2·8독립선언과 3·1운동을 주도한 인물이다.

김필순과 김규식은 서울에서 선교사 언더우드 지원을 같이 받아서 알던 사이였고, 상동교회를 다닐 때 안창호와 의형제를 맺기도 하였다. 갑신정변 때 다친 민영익을 알렌이 치료한 후 명성황후의 지시로 설립된 광혜원은 이후 제중원으로 이름이 바뀌었고, 언더우드의 지원으로 서양식 세브란스 의대로 전환되는 1기 졸업생이 바로 김필순이다. 그는 병원에 있을 때 영어로 된 해부학 책을 한글로 번역할 만큼 영어와 의학 실력이 탁월했다고 한다. 1907년 제중원에 있을 때 일제의 군대해산 명령으로 박승환 대대장이 자결하였고 울분을 참지 못한 조선 군인이 일본군과 총격전을 하였다. 그때 제중원에 부상당한 군인을 치료하던 김필순이 일손이 모자라 집안의 여성들을 불러 모아 환자를 돕게 했는데 이때부터 집안 여성들도 독립운동에 투신하게 된 계기가 된다.

1910년 일본은 신민회를 해체하기 위해 105인 사건을 조작하게 되고 당시 회원이었던 김필순은 예전에 돈이 없어 치료를 못하던 일본 형사를 도와준 적이 있었는데, 그가 다음날 김필순을 체포할 거라는 정보를 몰래 알려줘서 곧장 짐을 싸서 중국으로 넘어오게 된다. 김필순은 그의 증조부가 관직을 그만두고 용연군에 내려와서 토지를 사들이고 농민들이 농사짓게 하여 용연군을 이상촌으로 만들었던 것처럼 본인도 이상촌을 세워야겠다는 꿈을 가지고 있었다. 류하현(柳河縣)에 처음 도착했을 때 부지가 좁고 일본의 감시가 심해 치치하얼(齐齐哈尔)로 이동하였고 그 곳에 병원을 차리고 이상촌을 만들기로 하였다. 이미 만주에 와 있던 이상룡, 이회영이 신흥무관학교 운영비를 도와 달라는 부탁을 받게 되고, 김필순은 병원 운영비를 쪼개서 독립운동자금을 지원하게 된다.

김필순이 치치하얼(齐齐哈尔)에 많은 땅을 사들이고, 이주한 조선 농민에게 싼 임대료로 토지를 빌려준다는 소문이 났기 때문에 이곳으로 이주하는 조선 농민이 점점 늘어나면서 그가 꿈꾸는 이상촌이 만들어 가는 듯했다.

1918년 매제인 서병호는 난징(南京) 금릉(金陵)대학에 다니고 있었고 여운형과 함께 신한청년당을 만들어서 파리강화회의에 참석할 사람으로 톈진(天津)에 있던 김규식을 불러들인다. 당시 김규식은 부인과 사별하고 아들과 둘이었는데, 그의 부인은 정신여학교에 다니던 김순애와 재혼하라는 유언을 남기고 병사한 상태였다. 조국의 명운을 건 일을 하기 위해 김필순은 여동생인 김순애와 김규식을 결혼시켰다. 이후 김순애는 부산으로 가고, 김규식은 신한청년당 대표 자격으로 파리로 가게 된다. 조카인 김마리아는 동경에서 2·8선언을 하고 부산백산상회를 거쳐 서울로 잠입해 왔고 광주에 있는 김필례집에서 김순애, 김마리아, 김필례가 만나게 된다. 이렇듯 3·1운동은 김필순 집안에서 큰 역할을 했다.

김필순이 상하이(上海)에서 치치하얼(齐齐哈尔)로 돌아온 지 얼마 되지 않은 1919년 9월에 간호사로 채용한 일본인 밀정이 수술을 마친 그에게 우유를 건네주었고, 그 우유를 마신 김필순이 호흡곤란으로 별세하자 가세가 기울기 시작하였다. 이상촌을 운영한 주인집인데도 불구하고 차츰 조선 농민도 그의 가족을 돌봐주지 않았다. 김필순의 어머니, 부인, 아들 3명, 딸 4명의 대식구가 가사를 연명하기 어렵게 되자 김필순의 어머니는 김구례, 김순애 자매가 있는 상하이로 김염과 남동생 김강을 데리고 가게 된다.

그때 두 자매는 위아래 집에 살고 있었고, 김염은 주로 작은고모 김순애의 집에 살았는데, 그곳에서 김규식의 전처소생의 동갑내기 아들이 그를 못살게 굴고 많은 눈치를 준 반면 큰고모 김구례의 아들인 서재현은 김염보다 나이가 많았고 따뜻하

▲ 톈진 북양대학 건물

게 대해 주었다. 당시 서병호는 임시정부를 재건하기 위해 활동하고 있었고, 김규식은 파리강화회의 이후 외교활동을 하고 있어서 고모부들이 신경을 써 주지 못했다. 상하이(上海)에 있던 김염은 잠시 동안 큰형인 김영이 살고 있던 지난(济南)으로 옮겨 살다가 김규식이 톈진(天津)북양대학(현 화북공업대학) 영문과 교수로 재임하게 되면서 큰형의 설득으로 다시 톈진으로 이사해서 김순애의 집에서 살게 된다.

남개(南开)중학에 입학하게 된 김염은 운동과 예능 방면에 두각을 보였고 특히 영화를 보면서 본인이 영화배우가 되면 저렇게 유치하지 않게 연기할 수 있을 거라고 얘기하면서 매일 대사와 연기연습을 하였다. 당시 영화는 무협영화가 대부분으로 과장되고 억지스러운 연기가 대부분이었다고 한다. 어느 날 작은 고모부인 김규식에게 책상 서랍에 있던 영화 잡지책이 발각되어 고모부에게 "아버지의 뜻을 따라 공부에 전념해야지 미래가 없는 영화배우가 되겠다는 것은 있을 수 없다."라고 크게 혼이 나지만 그는 꿈을 버리지 않았다. 그러다 상하이영화사 사장의 친구가 텐진에 왔다는 소식을 듣게 되어 그를 찾아가 추천장을 받게 된다. 17세의 김염은 1927년 영화배우의 꿈을 이루기 위해 친구들이 모아준 7원 중 뱃삯으로 6원을 쓰고, 1원을 들고 상하이(上海)에 입성하게 된다.

님웨일즈가 쓴 아리랑에서 김산은 남개(南开)중학에서 본 김염을 본 얘기을 하고 있다. 달리기를 잘하던 그가 경기에서 1등을 하자, 한 중국 학생이 한 "저 놈은 일본의 개이기 때문에 저렇게 빨리 뛴다."라는 말을 듣게 되었고, 이에 격분한 김염은 중국 학생을 두들겨 패게 되어 운동경기는 취소되었는데 김산이 그 광경을 보게 된다. 다행히 김규식이 학교를 찾아가 해결하여 퇴학 없이 계속 다닐 수 있게 되지만 그의 마음에는 아버지 김필순과 고모와 고모부처럼 일본에 대한 반감과 독립운동에 대한 피가 끓고 있었던 것이다.

▲ 텐진 남개중학 건물

1934년 영화황제가 되어 7년만에 텐진(天津)에 돌아왔을 때 돈을 빌려주었던 남개중학 동창들을 만났고 그들은 당시에 김염이 영화계에서 성공할 줄 알았다는 얘기를 하였다.

나는 2021년 한여름에 후배와 함께 공유자전거를 타고 한참을 달려 남개중학을 찾아갔던 기억이 있다. 김염은 이곳에서 뒷자리에 앉아 공부보다는 영화만 생각하는 학생이었을 것 같다. 그 시절 중국에 살았던 인물 중에서 연예계에서 이렇듯 최고의 자리에 있었다는 것과 그가 한국 독립운동가의 자녀인 것도, 그의 첫 번째 부인인 왕런메이(王人美)가 영화 〈풍운아녀(风云儿女)〉의 주인공이고 그 주제곡인 〈의용군행진곡〉이 지금의 중국 국가(国歌)인 것도 교민뿐만 아니라 한국 국민이 알았으면 좋겠다.

김원봉이 다닌 덕화학원

약산 김원봉이 밀양에서 중학교를 그만두고, 텐진(天津)에서 다녔던 덕화(德华)학원이 지금의 해하(海河)중학이다. 이후 덕화학원은 독일학교임에 따라 1차대전 패배로 문을 닫았고, 그는 난징(南京) 금릉(金陵)대학 영문과를 다니다가 만주에 있는 신흥무관학교를 6개월 다니면서 폭탄 제조술을 배웠다. 1919년 11월 9일 지린(吉林)시에 있는 반씨 성을 가진 농민의 집에서 13명이 모여 정의의 '의' 자와 맹렬의 '열' 자를 따서 의열단(义烈团)을 만들어 7가살 5파괴의 무력투쟁을 강령으로 발표하고, 그는 의백이라고 불리우는 의열단장이 되었다. 김원봉은 대장이 된다.

의열단은 무력투쟁으로 눈에는 눈, 이에는 이로써 항일투쟁 선봉에 섰고, 김익상의 조선총독부 폭탄 투척과 상하이황포탄 의거, 박재혁의 부산경찰서 폭탄 투척, 김상옥의 종로경찰서 폭탄 투척, 김지섭의 도쿄일본황궁 폭탄 투척, 나석주의 동양척식주식회사 폭탄 투척 , 최수봉의 밀양경찰서 폭탄 투척 등 조국 독립을 위해 가장 위대하고 감동적인 투쟁과 희생의 역사를 쓰게 된다. 대장이었던 그를 체포하기 위해 일제는 100만 원(현재 360억 원)이라는 현상금을 내걸었고, 홍코우(虹口)공원 의거 후 김구에게 걸린 현상금 60만 원(현재 200억 원)보다 많았다는 것을 보면 일제가 얼마나 의열단을 두려워했고 위험한 조직으로 봤는지 알 수 있다. 의열단 시절 활동지는 현재 남아있지 않으나, 상하이 신천지 부근에 그들의 합숙소 자리는 남아 있다.

그는 1924년 1차 국공합작 당시 광저우(广州)에서 열린 중국 국민당 제1차 전국대표대회에 참석하기도 했고, 소련공산당 지원으로 세워진 황포군관학교 교장이었던 장제스(蔣介石)를 만나 의열단원을 무료로 입학시키기로 합의하였다. 그는 의열단의 조직 노선을 의열투쟁에서 자기혁신으로 변경하였고 직접 1926년 황포군관학교 4기에 입학하여 체계화된 투쟁을 도모하게 된다. 이후 베이징(北京)에서 레닌정치학교를 운영하다 난징

(南京)으로 가서 1932년부터 1935년까지 국민당 정부의 지원으로 조선혁명정치군사간부학교를 3기까지 운영하면서 150여 명의 간부를 양성하였고, 1935년 민족혁명당을 설립하여 임시정부와 합작을 시도하였으나 내부 갈등으로 실패하고, 1938년 우한(武汉)에서 조선의용대를 설립한다.

▲ 텐진 해하중학(예전 덕화학원)

황포군관학교에는 200여 명의 조선인이 졸업하였고, 그중 이름과 활동상을 찾은 조선인은 45명이라고 한다. 1기는 1명, 2기는 없고 3기에 4명, 4기에 25명, 5기에 5명, 6기에 10명인데 가장 알려진 인물이 4기 졸업생 김원봉이다. 4기에는 태항산(太行山) 전투에 참여한 박효삼, 김달하를 처단하는 데 참여한 이집중, 정율성의 매제이자 김성숙과 민족해방동맹을 만든 박건웅, 조선혁명정치군사간부학교 교관인 김용재, 신채호와 함께 타이완(台湾) 위조수표사건을 일으킨 이종원 등이 있다. 5기에는 조선의용대 본부에 근무하고 조선혁명정치군사간부학교 교관이었던 신악이 있었다. 6기에는 난징(南京)항공군사학교를 졸업한 김은제 등이 있었다.

고향친구이자 의열단부터 함께한 김원봉과 윤세주는 조선의용대를 만들고 나서 헤어지게 되는데, 김원봉은 충칭(重庆) 임시정부에 가서 한국광복군 부사령관이 되고, 윤세주는 홍군 내 최초 용병부대인 조선의용군을 이끌고 홍군과 함께 태항산(太行山)에서 일본과 전투를 하다 총상으로 죽게 된다. 일본패망 후 한국으로 돌아온 김원봉은 남한에서 친일고문경찰인 노덕술에게 치욕을 당하고, 북으로 넘어가서 주요 요인으로 정치를 하다가 6·25전쟁 이후 김일성의 옌안(延安)파 숙청 때에 숙청되었다.

남한에서 친일 경찰에게 무참히 짓밟힌 김원봉이 결국 북한을 선택하고 6·25전쟁이 일어나서 중국에 있었던 화려했던 독립운동사는 사라지고, 공산주의자라는 이념으로 온전히 평가받지 못한 것이 안타깝다. 제국주의 시절과 냉전 시대의 연속으로 인해 남과 북이 갈라졌던 당시 상황을 이해한다면 우리가 할 일은 일제에 대항했던 모든 인물이 재평가되도록 기록하고 기억하면서 평화통일을 준비해야 할 것이다. 김원봉은 영화 암살과 밀정에서 독립운동가로 잘 소개되었는 데, 일반인이 접할 수 있는 문화예술의 중요성을 다시 한번 느끼게 한다. 또 보고 싶은 영화다.

위안스카이(袁世凱) 고택

1882년 임오군란 당시 명성황후의 요구로 청군 파병을 요구했고, 리홍장 (李鴻章)이 위안스카이(袁世凱)를 내정간섭을 위해 조선으로 보냈고 그는 12년을 조선에 있게 된다. 임오군란은 근대화 과정

▲ 텐진 위안스카이 고택(원씨가옥)

에서 구식 군대의 13개월 밀린 월급으로 지급한 쌀에 모래와 겨가 섞여 있어 분개한 구식 군대가 명성황후 외척 세력을 처단한 사건으로 조선 몰락을 알리는 사건이었다. 구식 군대는 홍선대원군을 재집권하게 했으나, 청군이 난을 평정한 후 홍선대원군을 텐진(天津)으로 끌고 가 바오딩(保定)에 있는 청하도서(清河道署)라는 곳에 감금한다. 1885년 감금이 풀리고 조선으로 돌아와서 1898년 죽을 때까지 그는 청일전쟁, 을미사변, 아관파천, 독립협회, 대한제국 등의 사건을 겪는다.

임오군란 때 명성황후는 여주로 피신을 가서 만난 진령군이라는 무당을 데리고 환궁했는데, 진령군은 조급한 명성황후에게 환궁하는 날짜를 신통하게 맞춰냈고 자신의 말이라면 무조건 따르도록 심리적으로 명성황후를 지배했다. 그녀는 12년간

궁에 있으면서 굿판을 벌이고 금강산 봉우리마다 쌀을 뿌리게 하는 등 조선의 국고를 낭비하였고, 명성황후가 을미사변으로 살해되자 그녀도 궁에서 쫓겨나게 된다. 박근혜와 최순실 사건이 터졌을 때 자주 비유되는 인물이고, 제정러시아를 몰락시킨 괴승 라스푸틴과도 같은 맥락이다.

흥선대원군은 1895년 을미사변 당시 일본 낭인들이 명성황후를 무참히 시해하는 사건을 방관하기도 한다. 일제는 명성황후의 죽음으로 생긴 고종의 불안감을 해소하고 안정된 생활을 위해 그와 정화당 김씨를 결혼토록 했고, 고종은 궁을 벗어나려고 가짜 결혼식을 하게 되는데 춘생문사건으로 이 계획이 탄로나게 되고, 정화당 김씨도 공모했다는 이유로 궁에서 쫓겨나게 된다. 그녀는 22년이 지난 후 다시 궁으로 오게 되지만 구석진 작은방에서 온갖 눈치를 보면서 살다가 고종이 죽은 후에 얼굴을 보게 되고, 쓸쓸히 생을 마감한다. 영친왕과 결혼을 약속했지만 혼자 살다 죽은 민갑완도 같은 운명의 여인이다.

흥선대원군은 바오딩(保定)으로 가기 전에 텐진 양시태(梁時泰) 사진관에서 책을 펼치고 정면을 응시하는 사진을 찍었고, 이 장소는 현재는 아파트 단지로 변해 있다.

▲ 텐진 양시태사진관에서 찍은 흥선대원군 사진

위안스카이(袁世凱)는 조선에 있으면

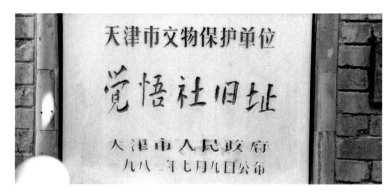

▲ 텐진 각오사 구지

서 3명의 부인과 10명의 자녀를 두면서 호의호식하였다. 3명의
부인 중 원래 조선 정부에서 추천한 집안 좋은 규수가 있었으나,
그는 그녀를 따라온 하녀를 첫째 부인으로 삼았다. 텐진(天津)으
로 돌아올 때 3명의 조선인 부인을 모두 데려왔고 중국인 부인
7명과 함께 살았다. 이후 쑨원(孫文)의 신해혁명으로 청왕조가
사라지고 쑨원(孫文)이 총통 자리를 위안스카이에게 주었으나,
그는 중국 인민과 쑨원의 뜻을 저버리고 본인이 스스로 황제가
되기 위한 작업에 착수하게 된다. 외세열강 중 일본의 지지를 얻
기 위해 21개 조항의 비밀각서를 맺었고 이 사실을 알게 된 량치
차오(梁启超)가 신문에 21개 조항을 알리게 된다. 1916년 위안스
카이가 죽은 후 1919년 파리강화회의에서 중국 칭다오(青岛)의
독일 이권을 일본에 넘기게 되었으나 54운동으로 칭다오(青岛)
를 되찾아오게 되면서 위안스카이는 중국에서 매국노로 평가받
고 있어 텐진에 있는 그의 집은 원씨가옥으로 표기되어 있다.

위안스카이의 비서였던 류비청(呂
碧城)은 중국 최초 신여성으로서 비
서를 그만두고 상하이(上海)로 건너
가 무역업을 하면서 큰돈을 벌었다.
그녀는 미국 콜롬비아대학에서 미
술을 공부하고 유럽 등에 여행하였
고 이후에 불교에 귀의하였고, 동물
보호협회에 가입하여 고기를 먹지
않는 채식주의로 살다가 홍콩에서

▲ 텐진 여성사에 게시된
류비청(呂碧城) 소개자료

61세의 나이에 미혼으로 사망하였는데 그녀는 치우친(秋瑾)과 함
께 여자쌍협으로 불리울 정도로 신여성이었다. 개화기 중국에서
리슈통(李叔同)처럼 파란만장한 인생을 산 여성이고 각오사(覺悟
社) 옆에 있는 여성사에는 그녀에 대한 소개자료가 있고, 리슈통
의 고택도 텐진에 남아 있다.

위안스카이 고택이 있는 해하(海河)강변은 갈매기가 날고 있
고 여름에는 수영하는 시민들이 모이는 곳이다. 하이허가 발해
만으로 흐르듯 역사의 흐름도 유유히 흘러 100년 전의 무소불
위의 북양정권 최고권력자인 위안스카이를 평가하게 한다. 본
인의 영달을 위해 외세에 이권을 내어주고 일본과 손잡은 매국
노로 평가되는 그에게 권불십년, 화무십일홍이라는 말이 어울
릴 것 같다. 그 시절 조선이나 중국이나 외세의 먹잇감이 되었
던 것은 마찬가지였던 것 같다.

독립운동단체 불변단 활동지

텐진(天津)에는 불변단이라는 독립운동 단체가 있었는데, 내가 찾은 정보가 많지 않았고 특별한 사건이 없었다. 그들의 활동지는 대길리(大吉里)에 있는 이회영의 집에서 멀지 않은 지금의 빙장따다오(濱江大道) 근처였는데 1976년 탕샨(唐山) 대지진의 영향으로 건물은 허물어졌고 지금은 빌딩이 들어서 있다. 빙장따다오에는 안창호가 숙박했다는 교통반점이 있고, 텐진역에서 해방교를 건너면 상하이 와이탄(外灘)처럼 당시 은행 건물이 많은데 그중에 조선은행이 지금도 남아있다.

베이징(北京)에서 설립된 독립운동 단체로 다물단이라는 독립운동단체가 있었는데 신채호, 류자명, 정화암 등이 주축이 된 아나키스트 단체이다. 그들은 텐진 일본 조계지 번화가인 욱가(旭街)에 위치한 정실은호(正實銀號)라는 은행을 대낮에 침투하여 중국 돈 3천 원과 일본 돈 몇백 원을 탈취하여 독립자금으로 활용하고 단기서의 비서 역할을 한 밀정 김달하를 처단하였는데

▲ 텐진 교통반점 건물

김달하의 부인은 이화여대 김활란의 언니인 김애란이고, 김달하의 사위가 만든 학교가 서울에 있는 동구여상이다.

　독립운동 활동이 상해에서만 있었던 것은 아니고, 텐진에서도 있었다는 것을 새롭게 알게 되었고 그들의 노력으로 지금의 우리가 있으리라 생각해 본다. 작은 활동이라도 운동가들은 분명 목숨을 걸었고 활동을 준비하기 위해 많은 준비를 했을 텐데 우리가 그들의 노력과 희생을 모르는 것은 참으로 안타까운 일이다. 또한 조선은행에 근무한 똑똑했을 조선인은 친일 활동을 하지 않고 조선과 조선인을 위해 작은 보탬이 되는 활동을 몰래 했을 것으로 기대해 본다. 그래야 우리가 이곳을 찾은 의미가 있을 것이기 때문이다.

▲ 텐진 조선은행 건물

중국 침략의 관문 포구(砲口)박물관

　1830년대 영국에서는 중국산 수입 차와 도자기가 큰 인기를 끌면서 당시 통화였던 은(銀)이 대량으로 중국으로 빠져나가는 것에 불만이 있었다. 중화사상과 봉건주의에 빠져있는 청나라는 영국의 통상 제의를 거부함에 따라 해가 지지 않는 나라인 대영제국은 자존심이 상했고 전쟁이 아닌 다른 방법을 생각하게 된다. 당시 영국의 식민지였던 인도에서 아편을 들여와 청나라에 파는 것이었는데 당시 아편에 중독된 중국인들은 아편을 사기 위해 많은 돈을 지불하게 되고, 결국 영국은 중국에 아편 장사로 은화를 벌기 시작한다.

　그런 상황에서 청왕조가 린쩌쉬(林則徐)를 내려보내 아편을 광저우(广州) 바다에 빠뜨리고 불태우는 사건이 발생하였고 영국은 이를 빌미로 1차 아편전쟁을 일으키고 영국군은 승리하여 난징(南京)조약을 맺게 된다. 이때 홍콩섬이 영국에게 조차되고, 상하이(上海), 푸저우(福州), 텐진(天津), 옌타이(烟台) 등 해안도시들이 강제개항되고 조계지가 생겨나고 그곳에 사는 외국인은 자국법을 따르는 이른바 치외법권을 누리게 된다. 중국의 해안지역을 접수한 영국은 이후 중국내륙 진출을 모색하게 된다.

　영국의 홍콩섬 할양과 통상이 부러웠던 프랑스는 마침 선교사 피살사건이 일어나고 광저우(广州)에 정박한 영국 배가 체류

기간이 경과해도 돌아가지 않자, 영국 국기를 내리는 과정에 훼손됐다는 이유를 들어 영국과 함께 2차 아편전쟁을 일으켰다. 덩달아 8개 나라가 베이징(北京)까지 진출해서 원명원(圓明园)을 파괴하는 만행을 저질러 중국은 텐진(天津) 조약과 베이징(北京) 조약을 잇따라 맺게 되는데, 이제부터 중국은 서구 열강의 잔칫상이 되어 버린 일명 아시아의 병든 나라인 동아병부(東亞病夫)로 쇠락하게 된다. 이후 외세들은 조계지와 영사관을 설치하고 자국민 보호 명목으로 경찰과 군인을 주둔하게 한다.

외국 함선이 들어오는 관문은 텐진(天津) 동쪽 발해만에 있는 탕구(塘沽)항이었고 함선은 해로를 따라 텐진 시내에 있는 하이허(海河)까지 진출하였고, 텐진역 주변에는 8개국의 조계지가 형성되게 된다. 텐진조약을 맺은 장소는 해광사(海光寺)라고 하는 곳이고, 현재는 대형빌딩이 들어서 있다.

아편전쟁 이후 태평천국운동, 양무운동, 변법자강운동, 의화단운동이 차례로 일어난다.

태평천국운동은 홍쉬췐(洪秀全)이라는 인물이 선교사의 책을 기반으로 농민들을 대상으로 난징(南京)에서 외세타도와 봉건제도 타파를 목표로 민중봉기를 일으켰으나 쩡구어판(曾国藩)과 리홍장(李鴻章)이 청군과 외국군대를 동원하여 태평천국 세력을 진압한다. 전봉준이 조선에서 일으킨 동학운동도 관군과 청나

▲ 텐진 포구박물관

라와 일본군에 의해 진압되고 1894년 청일전쟁으로 이어진 것을 보면 태평천국과 동학운동은 시작과 끝이 유사하다.

양무운동은 외국군대의 위력을 실감하여 북양대학(현 화북공업대학)을 세우고 병기 제작을 하였고, 웨이하이(威海) 류공다오(刘公岛)에 북양함대를 만들어 군함을 도입하고 근대식 군사훈련소를 운영했으나 1894년 청일전쟁 때 일본에 패배하여 실패를 맛보게 된다. 변법자강운동은 캉유웨이(康有为)와 량치차오(梁启超)가 근대식으로 법을 바꾸고 스스로 강해지자 운동을 일으켰으나 서태후(西太后)가 주요 인물을 잡아들임으로써 실패하게 된다.

1898년에 발생한 의화단운동은 외세와 청왕조의 핍박으로 성난 민중들이 청나라를 부활하고 양인을 멸하자는 부청멸양(扶清滅洋)을 기치로 서양사람과 선교사를 죽이고, 외세와 관련된 사무실, 상점, 교회 등을 파괴하였다. 이를 빌미로 8개국은 자국민 보호 명목으로 군대를 주둔시키게 되면서 외세침략이 본격화한다. 텐진(天津)에는 류동삔(呂洞賓)을 모시는 도교사원 인 여조당(呂祖堂)이라는 곳에서 의화단운동이 발생하였고, 하이허에 있는 망해루(望海樓)도 그때 불타게 된다. 의화단운동 진압과정에 산동성에 있던 청나라인들이 인천으로 피신을 오게되고, 지금의 인천 차이나타운을 형성하게 되는데 그들이 먹었던 바이간(白干)이라는 술이 지금의 빼갈이 된다.

의화단처럼 조직을 통한 무력투쟁이 아닌 오직 무술을 통해 외국장사를 때려눕힌 중국 무술의 대가 휘원지아(霍元甲)의 생가와 기념관이 텐진에 있다. 그는 독학으로 무술을 연마하였고, 동아병부(東亜病夫)라고 중국을 무시한 러시아 레슬러를 때려 눕혔고, 1910년에는 쑨원(孫文)의 후원으로 정무체육회를 창립하였는데 3개월 후 일본인에 의해 독살당한 것으로 알려졌다. 이소룡의 〈정무문(精武门)〉이라는 영화도 그를 모티브로 하였고 그가설립한 정무체육회는 전 세계로 뻗어 매년 세계대회를 열고 있다. 텐진 휘원지아기념관 옆에는 무술학교가 있고 인근에 그의생가가 남아있고 상해 홍코우공원 근처에는 정무체육관이 남아있다.

▲ 텐진 곽원갑기념관

　　2021년 봄날, 후배와 함께 포구박물관에서 먹었던 설탕 많이 묻은 토스트가 생각난다. 아편전쟁이 일어나 청나라가 쇠락해가는 데도 불구하고 조선은 세도정치로 정신을 못 차리고 있었고 반면에 일본은 청나라의 모습을 보면서 빠르게 메이지유신을 추진하여 제국주의 국가로 급성장하게 되어 우리는 거의 50년을 핍박을 받고 살아야만 했다. 지도자들은 세계사적 관점을 읽어내는 능력이 가장 중요할 것이다. 특히 우리가 살고 있는 중국과 한국과 북한과의 관계 변화는 우리가 제2의 조선족이 될 수 있고 대림동의 조선족이 한국인이 될 수도 있으니 정신 똑바로 차려야 할 것 같다.

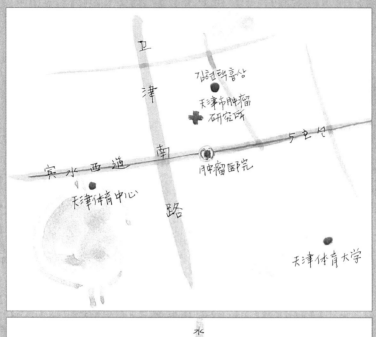

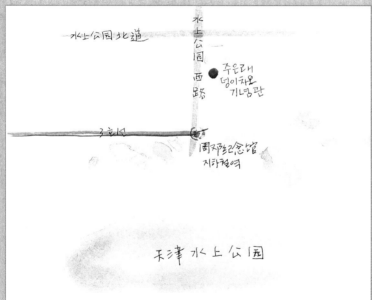

독립유적지 동행하기

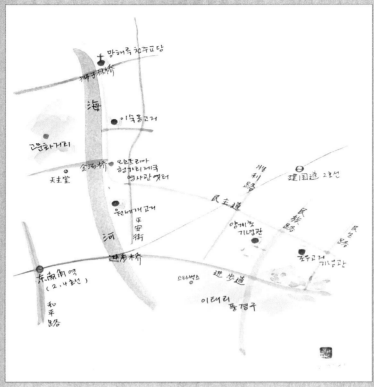

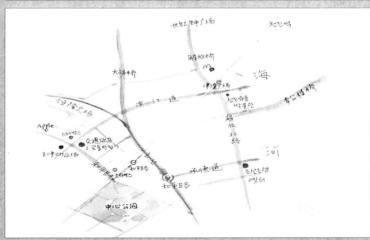

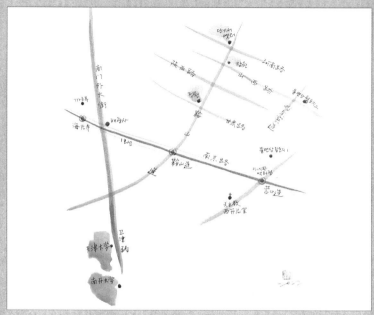

독립유적지 동행하기

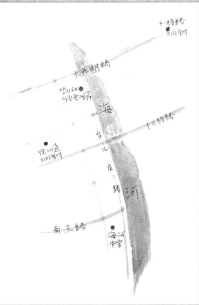

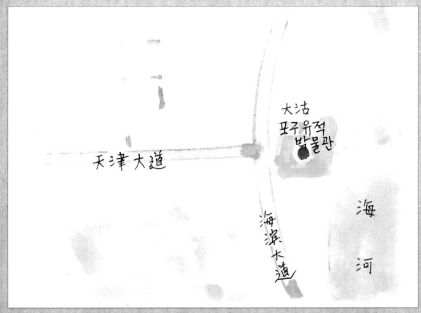

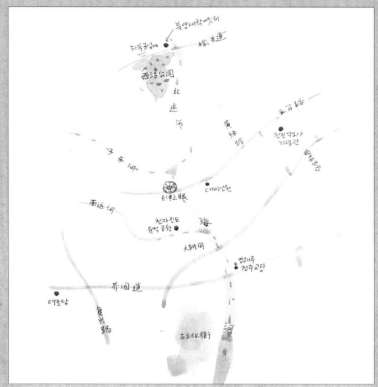

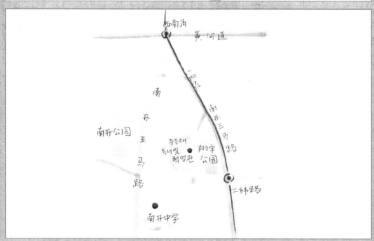

2장

화북 지역

베이징

당산

톈진

발해

바오딩

석가장

싱탕이

산 동 성

한단

제남

화북 지역 소개

베이징(北京)은 중국의 수도이다. 자금성(紫金城)에 있던 마지막 황제 푸이가 물러나고 신해혁명 이후 중화민국이 생겨났으나 위안스카이(袁世凱)와 북양정권이 실제 권력을 가지고 있었다. 베이징(北京)대를 중심으로 54운동이 일어났고, 많은 젊은이가 봉건주의와 외세에 맞서 싸웠던 곳이다.

한국인으로는 신채호, 이회영을 비롯한 독립운동가가 고궁 근처 후통(胡同)에 살았고, 의열단원인 이육사가 일본교도소에서 순국하고, 마지막 분대장 김학철이 이화원(頤和園)에 살기도 하였다. 많은 독립운동가가 다녀가고 생활하였으나 내가 직접 다녀온 몇 곳만 소개하려고 한다.

바오딩(保定)에는 청나라 말기 북양군벌이 중국 전역에 영향을 미칠 때 수도 역할을 하였고 흥선대원군이 유배 생활을 하였고 김산이 교사로 근무한 중학교가 남아있다. 한단(邯鄲)에는 조

선의용대에서 분리한 조선의용군이 참전한 태항산(太行山)전투
에서 윤세주, 전광화가 사망하였다.

[베이징(北京)]

의열단원이자 저항시인 이육사 순국지

베이징(北京) 고궁을 중심으로 후통(胡同)이라고 하는 골목길
이 남아있는데 그곳 어딘가에 의열단원인 이육사가 살았던 곳
이 있다. 그는 1904년 안동에서 태어나 1943년 베이징에서 옥
사하기까지 17번의 옥살이를 할 정도로 독립운동에 매진하였
다. 윤동주, 한용운과 함께 저항시인으로 알려졌고, 그는 안동
출신인 윤세주를 심양에서 만나 난징 조선혁명정치군사간부학
교 1기를 졸업한 후 펜을 든 시인이자 총을 든 독립운동가로 한
국과 중국을 오가며 독립운동을 하였다. 광야라는 시에 나오는
백마 타고 오는 초인이라는 싯귀에서 초인은 그의 사촌 형인 허
형식 장군을 얘기한 것이라고 하는데, 그의 작은아버지는 의병
대장이었던 왕산 허위인 것을 보면 항일투쟁에 나선 집안임이
분명하다. 음악과 총을 들었던 정율성도 조선혁명정치군사학교
3기생이었던 것을 보면 김원봉의 활동이 지금의 우리에게 많은
것을 알리고 있는 것 같다.

▲ 베이징(北京) 이육사 순국지(옛 일본교도소)

　현재 순국지는 고궁 뒤편에 위치해서 곧 재개발이 될 거라고 한다. 한국도 그렇지만 역사적인 장소를 그대로 보존한다는 것이 개발과 겹치면 참으로 어려운 일인 것 같다. 모쪼록 남아 있는 동안 한국인들이 많이 찾아주길 바란다.

조선의용군 마지막 분대장 김학철 거주지

　베이징(北京) 관광지 중에 꼭 포함되는 곳이 서태후 별장인 이화원(頤和园)이다. 그녀는 무소불위의 권력자이자 사치와 향락의 대명사이다. 땅을 파서 인공호수를 만들고 그 흙으로 만수산을 만들어서 여러 개의 별장을 지었는데 그곳이 이화원(頤和园)이다. 그녀는 이화원(頤和园)을 짓기 위해 양무운동에 들어가야 할 예산을 낭비하였고 청일전쟁 때 함포에서 발사한 포탄은 화약이 든 포탄이 터진 것이 아니라 콩이 터져서 주위가 고소한 냄새로 가득했다고 한다. 이화원(頤和园) 내 소와전(邵窩殿)이라는 곳에서 조선의용군 마지막 분대장이라고 불리는 김학철이 살았고 그 옆에는 좌익작가연맹의 주축이었던 여성작가 딩링(丁玲)이 살았다. 그녀는 일본패망 후 딸을 북한으로 보내 최승희무용연구소에서 연수하게 하였다.

김학철은 1916년 함경남도 원산 출신으로 서울 보성고등학교를 졸업하고 1932년 상하이(上海)임시정부를 찾아갔으나, 윤봉길 의거로 인해 임시정부는 항저우(杭州)로 대피한 상황이었고, 아이런리(爱仁里)의 어느 여관에서 머물다가 그곳 여주인의 조카딸 송보경과 사랑을 나누게 된다. 그녀는 메트로폴리탄이라는 극장에서 택시라는 뮤지컬의 댄서로 일하는 조선처녀였으나 김학철은 대의를 위해 그녀와 이별하고 1936년 난징(南京)으로 건너갔다. 그후 김원봉이 이끄는 의열단에 가입하여 조선민족혁명당 활동을 하였고 1938년 조선의용대 설립 시부터 활동하였으며 1941년 태항산(太行山) 호가장(胡家庄) 전투에서 다리에 총상을 입고 일본군에 체포되었다. 태항산(太行山) 전투에서 숨진 윤세주와 전광화의 묘는 지금도 한단(邯鄲)의 열사능원묘역에 있다.

김학철은 일본 나가사키 형무소에서 전향서를 쓰는 조건으로 다리치료를 해 줄 수 있다는 일경의 말을 거절하여 다리를 절단하고 해방을 맞이하였으나 외다리로 살게 된다. 해방 후 출소하여 한국에 돌아왔으나 남한은 사회주의를 배격함에 따라 북한을 선택하였고 북한에서 김일성 독재를 반대하여 중국으로 망명한다. 이때 전국문협주석인 꿔모루(郭沫若)가 이화원(頤和園)에 집을 구해주었는데 그는 마오쩌둥(毛澤東)의 개인숭배를 비판하는 소설을 쓰게 되어 다시 14년간 복역한다. 출소 후 활발한 문학 활동을 하였으나 2001년 생을 마감한다.

태항산(太行山) 전투에 참전한 일본군은 보병108여단이고 여단장은 놀랍게도 경기도 안성 출신의 홍사익 중장이다. 그는 일본 육군사관학교를 졸업하고, 육군대학교를 졸업한 엘리트 군인이자 반민족행위자에 등재된 인물이다. 일본육사는 많은 조선인이 졸업하였으나, 육군대학교는 일제 치하 36년 중 평민 출신으로는 홍사익이 유일하고, 중장까지 오른 사람은 영친왕과 홍사익 딱 2명이다.

영친왕은 민갑완이라는 처녀와 결혼을 약속했으나, 일본이 유학 구실로 그를 일본으로 보내게 되었고 민갑완은 상하이(上海)로 건너간다. 상하이 임시정부에서 김규식이 돌봐주었으나, 혼인을 거부하여 혼자 살다가 1945년 일본패망 후 한국에 돌아왔다. 영친왕은 이방자 여사와 함께 박정희 정권 때 식물인간 상태로 한국에 들어오게 되었고 민갑완은 그나마도 그를 만나지 못했다고 한다.

일본육사를 다니면서 동기인 지청천은 교본을 들고 신흥무관학교로 갔지만 그는 군대조직에서 조선인으로서 높은 자리를 차지하는 것이 조선을 위한 길이라는 생각으로 군대에 남아서 중장까지 승진하였다. 여단장으로 태항산(太行山) 전투를 하고, 이후 장춘(長春) 옆에 있는 공주링(公主嶺) 탱크부대 부사단장을 역임한 후 필리핀 연합군 포로수용소장으로 근무하다 패망 후 전범재판에서 교수형에 처해졌다.

필리핀을 포함한 동남아 섬 곳곳에 연합군 포로수용소가 있어서 영어가 가능한 타이완(台湾)인과 조선인 청년을 필요로 하였고, 일본군의 강제 징발로 1400여 명의 조선인 교도관들이 인도네시아 자바섬 등에 있는 포로수용소에서 근무하였다. 일제의 강제 징용은 노무자, 위안부, 군인 외에도 교도관이 있었던 것이다. 일본군은 주로 조선인에게 연합군 포로를 혹독하게 관리하도록 요구하였고, 음식을 적게 주고 말을 듣지 않은 포로를 체벌토록 함에 따라 포로 중 죽거나 병든 사람이 많았고 특히 태국의 콰일강의 다리 건설에서 조선 교도관은 일본의 명령에 따라 영국군 포로를 혹독하게 다루게 된다.

그중 일본 장교를 죽이고 처형된 조선인도 있었으나, 대부분은 3년 동안 무더운 동남아 섬나라에서 일본군의 지시에 따라 교도관 역할을 하게 된다. 일본패망 후 동남아 섬에서 그리운 고향 땅으로 돌아가는 꿈을 꾸던 가는 교도관을 실은 배는 필리핀으로 회항을 하게 되고 필리핀 전범재판에서 포로를 때려서 죽이거나 가혹행위를 한 조선인에게 사형이나 10년 징역형을 언도하게 되어 조선으로 돌아오지 못한 인원도 있었다.

그중 교도소에 풀려난 전라북도 김제 출신 양칠성은 2차대전 종전 이후 인도네시아를 재점령을 하려는 네덜란드군과 맞선 인도네시아 정부군 지도자로서 혁혁한 공을 세우다 네덜란드군에 잡혀 총살을 당했다. 이후 인도네시아가 독립한 후 부하들이 그를 정부에 추서하게 되어 인도네시아 국립묘지에 안장되는데 일본어, 한국어, 인도네시아어로 된 3개의 이름이 있다.

한편 동작동 국립묘지에는 재일학도의용군 묘지라는 곳이 별도로 마련되어 있다. 6·25전쟁이 터지자 일본에 살던 조선인 재일교포 중에서 조국을 위해 한국군에 참전하다가 돌아가신 분들을 모신 묘역이다. 6·25전쟁 당시 일본에는 200만 명의 재일교포들이 살고 있었는데 대부분 남한에서 넘어간 사람들이었다. 의용군 중에는 일본에서 태어나서 한글을 모르는 사람들이 많았기 때문에 명령을 알아듣지 못해서 많은 사상자가 났다고 한다. 의용군은 1차와 2차로 구분하여 600여 명이 참전하였는데 250명 가량만 살아남고 모두 전쟁통에 사망하게 된다.

6·25전쟁이 끝날 무렵 2차대전에 대한 일본 처리문제가 1952년 샌프란시스코강화조약을 통해 해결되었는데, 당시 일본은 6·25전쟁에 참전한 조선인의 입국을 거부하게 된다. 250명의 생

존자 중에는 일본에 부인과 자녀가 있었는데도 하루아침에 이 산가족이 되어 일본에 가지 못하는 가혹한 현실이 되어 버렸다.

그래서 그들은 한국에 정착하게 되었는데 1960년대 이후 일본에는 북한에서 지원하는 조총련이 있었고, 남한에서 지원하는 민단이라는 조직이 있었다. 6·25전쟁 이후 북한은 조총련을 통해 일본에 사는 재일교포를 북으로 많이 데려가고 있는 반면 민단은 재정이 어려워 활동을 하지 못하고 있었다. 이승만 정권은 일본에 가서 재일교포들이 북한에 넘어가지 않토록 설득하는 일을 재일학도의용군에게 시키게 된다. 경찰들이 그들에게 일본에 가서 가족들은 만나지 말고 작전을 성공하면 좋은 직장을 보장해 주겠다고 하였다. 그 말만 듣고 그들은 일본에 가서 작전을 수행하고 한국에 돌아왔지만, 갑자기 박정희 정권으로 바뀌게 되고 정권은 그들을 외면하게 된다. 6·25전쟁에서 의용군으로 싸우다 죽었고 살아남은 사람들은 정권에 의해 버림받은 안타까운 분들이다.

한평생을 살면서 아무 걱정 없이 풍요롭고 자유로운 때가 잠시라도 있었으면 좋으련만 위의 글에서 소개된 서태후, 김학철, 홍사익, 재일학도의용군은 피할 수 없는 시기를 살면서 많은 풍파를 겪었을 것이다. 그리고 우리가 있으니 그들로부터 좋은 기운과 반성할 부분을 잘 판단하면 좋을 것 같다.

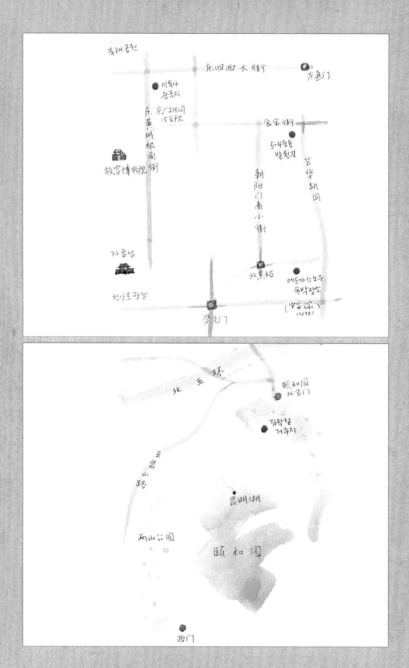

독립유적지 동행하기

[바오딩(保定)]

중국 근대 시기 군벌을 양성한 육군군관학교

　수도 베이징(北京)을 가는 관문인 바오딩(保定)은 수도를 지키고 천하를 안정시킨다는 의미를 가진 군사적으로 매우 중요한 요지였다. 위안스카이(袁世凱)는 1882년 임오군란 때 조선에 가서 12년을 지내고 청나라에 돌아와 세력을 키워 가면서 바오딩에 군사학당을 만들었다. 1903년부터 바오딩 육군군관학교를 졸업한 뛴치루이(段祺瑞), 펑구어장(冯国璋) 같은 인물들은 북양정부의 영도자가 되었고, 일반졸업생들도 국민당군과 공산당군에 소속되어 중요 전투에 참전하였다. 조선인으로 포병대장이었던 무정도 이곳을 졸업한 것으로 알려졌다.

▲ 바오딩(保定) 육군군관학교

흥선대원군 유배지

　청나라 때는 베이징(北京)을 제외하고 17개 성이 있었는데 이를 다시 2개~3개 성을 묶어서 8개 지역으로 나누어 관료들이 다스리게 하였다. 직예(直隷)총독은 베이징, 톈진(天津), 하남성, 산동성을 관리했고, 양강총독은 강소성, 강서성을 관리했고, 민저총독은 복건성, 절강성을 관리하는 식이었고, 위안스카이 사후 지역별 군벌이 통치하는 지역과 같았다. 직예총독은 리홍장(李鴻章)으로 서양열강이 통상이나 계약을 하기 위해서는 바오딩(保定)에 와서 그의 승인을 받아야 했다. 흥선대원군은 임오군란 때 반역죄로 조선과 바오딩을 오갈 때 리홍장의 승인을 받아야 했기 때문에 3년 동안 직예총독서 관리들에게 뇌물을 주거나 그들의 말을 잘 들었다고 한다. 그가 유배되었던 청하도서는 지금은 새롭게 꾸며져 있다.

▲ 바오딩(保定) 흥선대원군 유배지

아리랑의 김산이 교사로 근무했던 학교

님웨일즈가 옌안(延安)에 있을 때 공산주의자 김산을 만나서 아리랑이라는 책을 썼고 책 속에서 김원봉, 김염, 의열단 이야기가 나온다. 의열단 단원들은 언제나 옷을 멋지게 차려입고 머리를 잘 손질했으며 항상 오늘이 죽기 전 마지막일 수 있다며 사진을 자주 찍었다고 한다. 또한 그들은 하늘에 손가락으로 동그라미를 그려서 동지임을 확인했고 가명을 써서 지금까지 알려진 의열단은 10% 정도밖에 되지 않는다고 한다.

님웨일즈의 남편이었던 에드가 스노우는 「중국의 붉은별」이라는 소설을 통해 공산당과 당원 그리고 마오쩌둥(毛澤東)의 이야기를 서방에 알린 기자였다. 그 시기 서방 기자 중에서는 스메들린이 있었고 독일 출신의 반파시스트 활동가인 안나 왕은 상하이역사박물관에 소개되어 있다.

내가 상하이 역사박물관을 처음 갔을 때는 윤봉길 사진이 게시되어 있었는데 두 번째 방문했을 때 그 자리에 안나 왕의 사진으로 바뀐 것을 발견하여 신문사에 알렸고 한국영사관에서 박물관 측에 공문을 보낸 적이 있다. 윤봉길 여동구를 검색해 보면 당시 사진과 인터뷰가 있는데 내가 실행에 옮긴 미약한 역사바로세우기 운동이라고 생각한다.

▲ 한국신문에 실린 상해역사박물관 사진

　김산은 1905년 평북 용천에서 태어나 3·1운동에 참여하고, 15세의 가장 어린 나이에 신흥무관학교를 다녔다. 일본 유학 후 상하이(上海)임시정부에 있다가 베이징(北京)에서 의학을 배우고, 바오딩(保定) 직예(直隷)제2사범학교에서 학생을 가르치다가 광저우(广州)에서 중산학교를 졸업하고 황포군관학교에서 교수로 근무하였다. 광저우에서 김원봉, 김성숙 등과 교류하였고, 1927년 장제스(蔣介石)의 청당운동으로 공산당 탄압이 시작되자 하이루펑(海陆丰) 소비에트에 갔고, 홍콩을 거쳐 상하이로 갔다. 다시 베이징에서 중국공산당 조직부장으로 활동을 하다가 2번에 거쳐 일경에 체포되어 신의주 형무소에 갔으나 출옥하게 되었고, 다시 상하이에 가서 박건웅, 김성숙 등과 함께 조선민족해방동맹을 만들고, 이후 옌안(延安)으로 갔다. 그곳에서 항일군정학교 교사를 하다가 도서관에 근무한 스메들린의 주선으로 님웨일즈를 만났고 22번의 인터뷰를 통해 아리랑의 주인공이 된 것이다.

독립유적지 동행하기

▲ 김산이 교사로 있었던 바오딩(保定) 직예(直隸)제2사범학교

엔안(延安)은 공산당 혁명의 도시이고 권력다툼이 심하여 캉성(康生)이라고 하는 자가 김산이 두 번씩이나 일본 형무소를 다녀왔다는 이유로 일본의 첩자라고 누명을 씌워 그를 처형한다. 캉성은 문화대혁명 시기 마오쩌둥(毛泽东) 부인인 장칭(江青)을 등에 업고 당 서열 4위까지 올랐고, 시진핑(习近平)의 아버지인 시중신(习仲勋)도 숙청하기도 했다. 권불십년이라고 캉성은 1975년 암으로 사망한 후 1980년 당에서 제명하고 혁명공묘에서 파헤쳐지는 운명을 겪게 된다.

당시 엔안에는 이철부라고도 불리는 한위건이 김산을 사상적으로 검증했다고 한다. 이철부는 3·1운동 이후 임시정부에도 있었고 일본 유학 후 조선공산당 활동을 하다가 중국공산당에 가입하여 텐진시위원회 당지부 서기를 할 정도로 서열이 높았던 공산주의자인데 엔안에서 김산을 처형하는 데 캉성과 한패였다고 한다. 김산이 죽고 얼마 되지 않아 그도 엔안에서 병사하였다. 그는 오산학교 졸업 후 경성의학전문학교 3학년 당시 3·1운동에 참여하였고 파고다공원에서 기미독립선언서를 낭독한 학생대표로 알려졌고 2005년 서울대에서는 명예졸업장을 주었고 정부에서는 건국훈장을 추서하였다.

엔안(延安)에 있을 때 김산은 항일군정학교에서 음악을 가르치던 정율성을 만나게 된다. 결국 김산은 텐진에서 김염을 만나고, 옌안에서 정율성을 만났던 것이다. 정율성을 연안으로 보냈던 김성숙은 1938년 우한(武汉)에서 조선의용대를 만들었고, 기념식에서 찍힌 여인 두 명 중 한 명은 김염의 동생 김위이고, 상하이(上海)에서 정율성의 매형인 박건웅과 조선민족해방동맹을 만드는 것을 보면 김산과 김성숙은 김염과 정율성의 또다른 연결고리인 것이다.

유럽 파견생을 배출한 육덕(育德)중학

중국 해외동포를 화교(华侨)라고 부르고 있지만 엄밀히 분류하면 화상(华商)과 화공(华工)으로 구분할 수 있고 1차대전 전후하여 유럽에서는 무기공장에서 근무할 중국인을 모집하였다. 이때 프랑스로 간 쟝쩌민(江泽民), 덩샤오핑(邓小平), 저우라이(周恩来), 친이(秦毅) 등이 그곳에서 노동하면서 공산주의를 배워와서 중국의 영도자로 성장하게 된다. 이때 기본적인 공업 기술이 필요하게 되었고 이를 가르치던 학교가 육덕(育德)중학이다. 마오쩌둥(毛泽东)도 유럽으로 가려다가 마음을 바꿔 중국에 남았지만, 신중국 초기 대부분 공산당 영도자는 프랑스를 비롯한 유럽 유학파인 셈이다.

2021년 4월 선배와 둘이 기차 타고 바오딩이라는 곳을 갔을 때는 큰 기대를 하지 않았으나 이곳이 북양군대를 배출하는 학교도 있고 유럽파견 화공들을 배출한 학교도 있었으니 당시 중요한 지역이었다는 것을 알게 되었다. 현재 톈진대학이 북양대학으로 알려졌고 개화기 조선에도 톈진에 파견을 보내서 무기 제작기술을 배웠다고 하니 분명 바오딩에도 흔적이 있을 듯 싶다. 그때 둘이서 안 되는 중국어로 점심 식사로 훠궈를 시켜서 먹었던 기억이 새록새록 난다.

▲ 바오딩(保定) 유럽파견 교육기관인 육덕중학

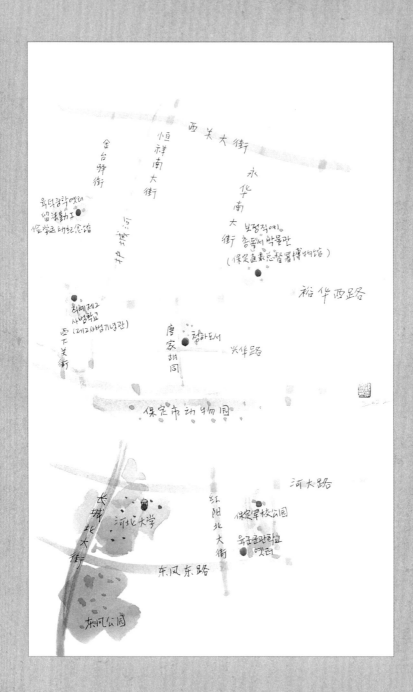

[한단(邯鄲)]

조선의용군 윤세주, 전광화 묘역

한단(邯鄲) 시내에는 춘추전국시대 조나라 땅에서 활동한 인물과 사자성어를 소개한 간판을 많이 볼 수 있다. 박물관에는 백마비마(白马非马), 완벽귀조(完璧归朝), 한단학보(邯郸学步), 문경지교(刎颈之交), 부형청죄(负荆请罪)의 유래와 열국지나 삼국지에 나오는 전투장소 등을 알 수 있다. 또한 열사능원묘역에는 윤세주, 전광화의 묘가 있고, 황포군관학교 1기 졸업생이자 홍군지휘관이었던 쮀쵄(左权)의 기념관이 있다. 한단에서 외곽으로 나가면 태항산(太行山)협곡이 나오는데 가는 내내 암벽과 강물 소리에 탄성이 나오고, 바로 이곳에는 중국 홍군과 함께 참전했던 조선의용군의 흔적을 찾아볼 수 있다.

윤세주는 1901년 밀양에서 태어나 3·1운동에 참여하였고, 신흥무관학교를 다니다 김원봉과 함께 의열단을 결성하여 활동하던 중 일본 경찰에 체포되어 옥고를 치르고 이후 난징(南京), 상하이(上海), 홍콩 등을 거쳐 우한(武汉)에서 조선의용대를 창설하게 되었고 조선인이 있는 화북지역으로 이동하여 중국팔로군 내 조선의용군을 이끌고 호가장(胡家庄) 전투를 벌이던 중 전사하였고 그의 시신을 수습하는 과정에 중국군 사령관인 쮀쵄(左

权)이 총격으로 숨지게 된다.

　윤세주의 시신은 마을 사람들이 몰래 수습하여 장례를 치렀고 당시 전투에서 김학철도 다리에 총상을 입었고 전광화도 총에 맞아 숨졌다. 한단열사묘역은 두 곳으로 나눠져 있는데 두 사람의 묘소 중에 전광화는 공산당원이어서 더 잘 꾸며져 있다. 당시 일본군의 지휘관이 홍사익이니 같은 민족끼리 중국군과 일본군으로 나뉘어 총부리를 겨눴던 불행한 역사다.

▲ 한단(邯鄲) 윤세주의 묘　　　　▲ 한단(邯鄲) 진광화의 묘

　이화림도 한단(邯鄲)에서 활동한 여성 독립운동가다. 그녀는 김구의 비서로 알려졌으나 윤세주의 의열단 활동에 마음이 끌려서 임시정부를 떠나 광저우(广州)에 있는 중산대학에서 의학을 공부하였다. 이후 민족혁명당에 가입하고 조선의용대 일원으로 태항산(太行山) 전투에도 참전하였는데, 한단에는 그녀가 지냈던 병원 부지가 남아있다. 이후 무정의 추천으로 옌안(延安)

군정대학에서 의학을 계속 공부하였고, 일본패망 후 옌볜(延边)에 있다가 6·25사변 때 중공군 의무병으로 참전하게 되고, 종전 후 옌볜 조선족자치구에서 공무원으로 생을 마감한다. 그녀의 전 남편인 이집중은 김창숙, 류자명이 이끄는 다물단 단원으로 친일파 김달하를 처단하는 데 참여하였다.

▲ 조선의용군 병원자리 집주인 할머니와 함께

윤세주가 전사하고 조선의용대는 지휘관이 없는 상태가 되어 공산당의 성지였던 옌안(延安)으로 이동하였다. 이곳에서 주둔하다가 광복 후 대부분 북한으로 들어간다. 중국에 남아있는 조선의용군은 국공내전에 참전하고 6·25전쟁에는 중공군으로 참전하게 된다. 일본군과 싸웠던 정율성, 이화림, 무정, 김원봉이 중국군이나 인민군의 일원으로 6·25전쟁에 참전한 우리 역사가 참으로 안타깝다.

중국에서의 무력투쟁은 1920년대 봉오동, 청산리전투가 군대를 통한 전투였고 이후에는 대부분 개인적인 폭탄 투척이나 총격이 대부분이었고 1940년대 군대를 이끌고 한 전투는 태항산(太行山) 전투뿐이라고 한다. 충칭(重庆)에 있던 한국광복군은 대일선전포고 후 OSS를 통한 침투 작전을 준비했으나 원자폭탄을 맞은 일본이 곧바로 항복하는 바람에 전투를 치르지는 못했고, 일본패망 후 대부분 남한으로 들어갔다.

항일투쟁을 했던 한국광복군과 조선의용군이 각각 남과 북의 주축이 되었고, 6·25전쟁 때 조선의용군 출신들은 야전 전투 경험이 많았기 때문에 친일 군인과 한국광복군 위주로 구성된 남한군에 비해 전투 능력이 뛰어나서 전쟁 초기 남한이 밀렸다고 한다. 중공군이 참전 당시 중국에 남았던 정율성은 선봉대로, 김현택은 의무병으로, 이화림은 간호병으로, 김염은 위문단으로 각각 참전한 것이다.

조선의용군은 대부분 북한으로 갔으나 남한으로 온 인물 중 차일혁이라는 경찰이 있다. 그는 대전 한밭대학교의 전신인 홍

성공업전수학교를 다니던 중 조선인 교사를 연행하는 일본 경찰을 폭행하고 중국에 망명하여 조선의용대에 입대하고, 일본 패망 후 한국에 돌아와서 경찰이 된다. 빨치산 토벌대장으로 부임하여 구례 화엄사를 소각하라는 명령을 받았으나 문짝만 불태워서 화엄사를 지켰는데, 이는 6·25전쟁 시 강원도에 있는 상원사를 불태우라는 군인의 명령에 방한암 스님이 절과 함께 사라지겠다고 하여 군인들이 문짝만 불태웠던 일과 동일하다.

차일혁은 1953년에 빨치산 남부군대장인 이현상을 사살하고 그를 화장하여 수목장을 해 주었으며 무력과 폭력이 아닌 감성적 소통을 통해 빨치산 인원이 전향하도록 했다. 이승만 정권은 그가 팔로군과 함께한 공산주의자고 빨갱이소탕에 소극적이어서 용공분자로 몰아 조사도 하고 한직으로만 보임케 하였다.

이렇듯 일세와 싸워 해방된 조국에서 이념 차이로 남한에서 빨치산으로 살아가다 소탕되어 돌아가신 분도 있고, 전향을 해서 한국에 살고 있는 분도 있고, 끝까지 전향하지 않은 분도 있었다. 미전향 장기수이자 빨치산 이인모는 남한에서 40년을 버티다 1993년 북한으로 송환되었고 2007년에 사망하였는데 과연 그렇게도 원하는 사회주의가 모든 인민을 행복하게 만들었는지 묻고 싶다. 중국의 사회주의 시장경제도 계속 유지될는지 궁금하다.

조선의용군 주둔지

정율성의 이름은 모를 수 있
으나 그가 작곡한 노래는 16억
중국인이 모두 알고 있을 것이
다. 중국에 있는 한국인들도 관
심이 있다면 분명히 들어봤을
터인데 베이징 톈안문(天安門)
광장에서 열리는 열병식에서 울
려 퍼지는 중국인민해방군가를
만든 인물이 바로 정율성이다.
그는 중국 건국 60주년 기념행

▲ "신중국창건 100명의 영웅" 책자

사에서 신중국창건 100명의 영웅 중 한 명으로 선정된 위인이
기도 하다. 또한 중공군으로 6·25전쟁에 참전하였고 북한에서
조선인민군가를 작곡하여 두 나라의 군가(軍歌)를 만든 작곡가
이기도 하다.

정율성은 1914년 광주시 양림동에서 태어났다. 그의 모친은
최영온이고, 그의 외삼촌인 최영욱은 김필순의 세브란스의대
후배이며, 외숙모는 김필순의 셋째 여동생인 김필례이고 김필
순의 아들이 김염이다. 김필순 가족들은 매부인 서병호, 조카
김마리아, 여동생 김순애, 매제 김규식 등 모두 항일투쟁에 한
평생을 희생한 분들이다.

정율성은 어린 시절 외삼촌인 최흥종 집에 가서 축음기를 들으며 음악적 자질을 키우게 된다. 최흥종은 젊은 시절 광주에서 알려진 주먹으로 살다가 선교사를 만나 기독교인으로 개조되면서 광주, 전남을 기반으로 총독부와 싸워 왔고 특히 서서평이라는 독일 여성 선교사와 함께 나병 환자에 대한 가혹한 차별을 개선하기 위해 전국나환자연맹이라는 조직을 만들어서 서울까지 도보로 시위하였고, 결국 총독부에서 전남 고흥군 소록도에 나환자 전용수용시설을 만들기도 하였다.

정율성의 누이인 정봉은은 박건웅과 결혼하여 난징에 있었고, 그의 셋째 형 정의은은 난징(南京) 조선혁명정치군사학교 학생을 모집하기 위해 난징에서 고향인 광주로 넘어와서 1933년 5월 정율성을 난징으로 데려간다. 난징에 온 정율성은 의열단에 가입하였고, 국민당의 지원으로 만든 조선혁명군사정치간부학교에서 군사학, 지형학, 측량학 등 기본적인 군사훈련과 각종법을 배우게 된다. 1934년 졸업 후 난징고루전화국에 파견되어 상하이와 난징 간의 일본인 전화를 도청하여 정보를 의열단에

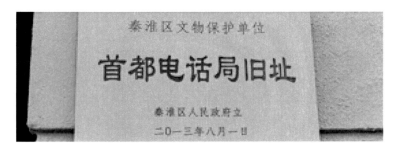

▲ 난징(南京)고루전화국 구지

알리는 일을 하였다. 이 일은 연안에 있을 때 공산당원 자격심사 때 일본 첩자로 의심하는 일이 있었으나 무정이 정율성의 둘째 형을 비롯한 가족에 대한 자격을 보증하였고 동시에 결혼도 하게 된다. 당시 김원봉은 정율성의 음악적 자질을 알고, 그가 음악공부를 할 수 있게 지원을 하였고, 그는 매주 난징에서 상하이를 오가며 러시아 음악가 크리노바를 만나서 음악을 공부하게 되었다. 경제적으로 어려운 정율성을 위해 크리노바는 그가 올 때마다 꽃을 주면 된다면서 학비를 면제해 주었다.

그는 1936년 봄 남경 청년들이 만든 오월문예사에 가입을 하였는데 당시 발대식에서 의용군행진곡을 불렀고 두 번째 곡은 아리랑이었다.

▲ 한단 조선의용군대항산전투기념비

▲ 한단 조선의용군주둔지

독립유적지 동행하기

이후 오월의 노래를 작곡하였는데 이 곡이 처녀작이라고 할 수 있다. 광주 출신으로 '중국 군가의 아버지'로 불리는 그가 만든 곡이 오월의 노래라는 것은 1980년 5월 광주로 이어지는 묘한 인연이 있다. 이후 1937년 7월 7일 중일전쟁이 발발하고 나정의 소개로 선씽하이(洗星海)라는 당시 유명 작곡가를 남경중앙반점에서 만나게 되었으나 전쟁상황이 악화되어 같이 활동할 수는 없었다. 그는 1937년 10월 조선독립을 위해 옌안으로 가기로 하고, 김성숙과 박건웅이 만든 민족해방동맹 추천으로 옌안(延安)에 도착하게 된다. 그곳에서 1938년 옌안송(延安頌)을 작곡하고 1939년에는 중국공산당에 가입했으며 팔로군행진곡(八路軍)을 작곡했는데 그 곡이 바로 중국인민해방군가가 되었다. 1941년에는 태항산(太行山) 전투에도 참전했는데 이때 태항산(太行山)에는 윤세주, 김학철 등이 조선의용군으로 참전하고 있었다.

▲ 광주광역시 양림동 정율성로

그의 부인 딩쉐쏭(丁雪松)은 옌안(延安)에서 만났고 그가 조선인이어서 그녀가 결혼을 주저하자 무정이 주선하여 결혼하였고, 정율성이 태항산 전투에 참여하는 동안 딸 정소제를 낳았는데 딸은 현재 베이징(北京)에 살고 있다. 딩쉐쏭(丁雪松) 여사는 중국 최초 여성 외교관으로 네덜란드에 근무한 적이 있다. 그는 문화혁명 당시 많은 고통을 견뎌냈으나 1976년 자연재해인 탕샨(唐山)대지진 이후 중국 영도자인 저우라이(周恩来)와 마오쩌둥(毛泽东)이 차례로 사망한 그해 12월 심장마비로 세상을 떠난다.

그의 목소리로 녹음된 「매기의 추억」은 인터넷에서 찾아볼 수 있다. 또한 상하이(上海) 신톈디(新天地)에 있는 공산당일대회지를 비롯한 국가박물관에는 그에 대한 소개자료와 사진이 걸려 있다. 그가 6·25전쟁에 참전하였기 때문에 한국에서는 그에 대한 언급이 금기시되고 있다가 최근에 그에 대한 높은 음악성과와 독립운동 활동이 재평가되었다. 고향인 광주시에서는 〈정율성음악제〉를 매년 개최하고 있고 그의 생가를 중심으로 '정율성로'라는 도로명이 명명되어 있다. 항일과 노래를 통해 한국과 중국과 북한 3개 나라를 하나로 엮어낼 수 있는 사람은 정율성밖에 없을 것이다.

대한민국 대통령이 중국을 방문하거나, 중국영도자가 한국을 방문할 때 배경음악으로 중국인민해방군가가 쓰이고 있다. 작사가는 공무(公木)인데 지린(吉林)대학 교가를 작사하였고 장춘

(長春)에는 그가 살았다는 집이 남아있다. 정율성을 주인공으로 한 영화는 중국과 북한에서 만들어졌는데 2002년에 〈태양을 향하여〉라는 중국영화가 있고, 2000년에 〈음악가 정율성〉이라는 북한영화가 상영되었다.

▲ 하얼빈(哈尔滨) 정율성기념관

십팔사략과 열국지 속의 고전 사자성어가 생겨난 한단은 꼭 한번 다녀오라고 추천하고 싶다. 고전과 근현대사와 대자연이 어우러진 곳이다. 15년 전 어느 강좌에서 염파와 인상여가 만나서 수레를 돌려서 돌아갔다는 고사를 소개한 비석을 강사가 봤다고 했는데 직접 볼 수 있어서 뿌듯했다. 태항산대협곡은 지금도 아찔한 느낌이다. 즐거웠던 2021년 단오절은 영원히 잊지 못할 것 같다.

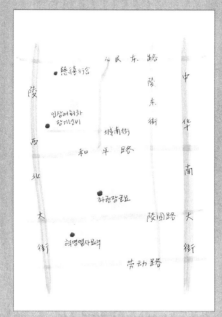

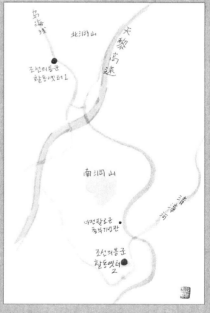

독립유적지 동행하기

3장

동북 지역

러시아

하얼빈

러시아

몽고

장춘   길림

연길 훈춘

심양 푸순

단동

진황도

대련

동해

대한민국

◉서울

동북지역 소개

흑룡강성, 길림성, 요녕성으로 불리우는 동북지역은 흉노족과 선비족이 살던 곳으로 예전부터 오랑캐 땅으로 여기고 있었다. 청나라 때 산동성의 대기근으로 찬관동(闯关东)을 해서 중국 이주민이 살게 되고, 조선에서도 압록강을 넘어 온 조선 이민자들이 살게 되면서 도시가 형성되었다.

러일전쟁을 통해 철도운영권과 부설권을 획득한 일본은 만철회사를 중심으로 동북지역 침략의 발판을 마련하였고, 한일합방 이후 일본은 조선 이민자도 자국민이라는 이유로 그들을 관리하기 위해 영사관, 경찰, 군대를 주둔시키고 있었다.

안중근의 하얼빈(哈尔滨) 의거를 시작으로 이회영의 신흥무관학교 설립, 김필순의 이상촌 건설, 김원봉의 의열단 설립, 홍범도의 봉오동전투, 김좌진의 청산리전투가 있었고, 이후 만보산(万宝山)사건을 통해 위만괴뢰정부가 설립되면서 일본이 통치하는 지역이 되었다. 일본패망 후 만주국 일본 고위장교와 푸이(溥仪)가 푸순(抚顺)에서 수감생활을 하기도 하였다. 러시아 영토였던 연해주에도 조선인들이 정착하였고 그들은 중앙아시아에 강제 이주되었다.

[따롄(大连)]

안중근의사가 순국하신 뤼순(旅顺)감옥

랴오닝(辽宁)성 끝자락에 있는 뤼순(旅顺)은 따롄(大连)시에서 1시간 정도 가야 하는 지역으로 이곳은 한국인들이 알고 있는 뤼순(旅顺)감옥이 있다. 안중근이 순국한 장소이자, 신채호와 이회영이 순국하신 장소이기도 하다. 또한 일본재판소가 있어 그곳에서 안중근이 이토 히로부미를 죽여야 하는 이유 10가지를 주장하였고, 외국 기자들이 이를 전 세계에 기사로 배포하여 일본의 조선 침탈을 알린 장소이기도 하다. 뤼순(旅顺)감옥은 1895년 삼국간섭으로 이 지역을 차지한 러시아가 신축하였고, 1905년 러일전쟁에서 승리한 일본이 증축하였다. 이 구치소 안에는 여러 고문기구가 진열되어 있고, 안중근의 독방이 보존되어 있다. 바닷가 인근에는 러시아군이 주둔했던 항구와 탑이 있어서 이곳에서 사주경계를 서면서 오가는 배와 함선들을 감시했다고 한다.

신채호는 중국에서 활동한 독립운동가로서 글솜씨가 빼어나서 의열단의 조선혁명선언을 썼고 후에 상하이(上海)와 베이징(北京)을 오가며 아나키스트로서 항일투쟁을 전개하였다. 그는 일본 점령지인 타이완(台湾)에 위조지폐를 발행하려다 일경에 체포되어 뤼순(旅顺)감옥에서 순국하였다. 그의 부인 박자혜는 이회영 부인의 소개로 결혼하였고, 신채호의 독립운동을 조용히 도와주고 본인만 한국에 귀국하여 두 자녀를 키우다가 돌아가셨다.

　대련에서 개인사업을 하던 선배에게 인사 차 방문했었는데 역시 뤼순 쪽이 볼 게 많았고 특히 안중근의사의 감옥과 법원은 꼭 들러야 할 곳이다. 감옥 안에 있는 교수형장이 지금도 남아 있는데 일본은 돌아가신 후에 유해를 넘겨주지 않았고 지금도 어디인지 찾을 수 없어서 안타까울 뿐이다. 청일전쟁과 러일전쟁을 겪으며 러시아와 일본이 번갈아 지배했던 곳이어서 사전지식을 가지고 가면 일제강점기가 시작되기 전의 느낌을 받을 수 있을 것이다.

▲ 뤼순(旅顺) 안중근 의사 감옥

　　　　　　　　　　　　　　　　독립유적지 동행하기

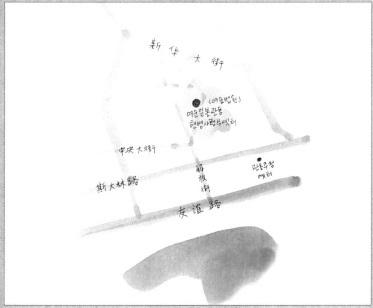

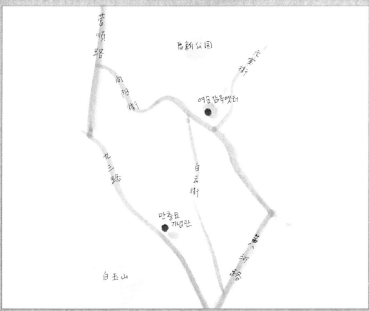

[단동]

임시정부 교통부 이륭양행

조선에서 중국으로 가는 방법은 인천에서 배를 타고 웨이하이(威海)나 텐진(天津)을 통해서 상하이(上海)를 가는 해상노선이 대부분이었고, 철로를 이용할 경우 신의주에서 압록강을 건너 단동(丹东)을 거쳐서 가는 방법이 있었다. 이렇듯 단동은 많은 독립운동가가 중국을 가기 위해 하루를 묵는 장소였고, 그 이전에 연암 박지원의 열하일기에도 단동(당시 안동)을 거쳤다는 기록이 있다.

이곳에는 이륭양행(怡隆洋行)이라는 임시정부 교통국이 있었다. 스코트랜드인 조지쇼라는 사람이 운영하는 선박회사인데 한국과 중국을 오가면서 임시정부 지령을 수행하고, 독립운동가를 보호하고, 무기를 운반하고 군자금을 전달하였으며, 요원들의 정보를 다른 요원에게 전달하는 역할을 하였다. 김구도 1919년 4월 이곳을 거쳐 상하이(上海)에 들어간 것으로 알려졌고, 김산의 아리랑에도 조지쇼를 샤오로 불렀다는 이야기가 나온다. 그가 조선을 도운 이유는 스코트랜드가 영국에 의해 수백년간 핍박을 받았고 독립운동을 하고 있어서 핍박받는 민족을 도와주어야겠다는 마음이었다고 한다. 이후 독립운동을 도왔다는 이유로 일본에 구속됐으나 영국 정부에서 4개월만에 풀어주었다. 한국 보훈청에서는 2012년이 되어서야 그의 손녀와 증

손녀를 찾아 건국훈장을 수여하였다.

　임시정부 연통제에는 안희제가 운영한 부산 백산상회가 있었다. 무역업과 상업을 하는 가게이면서 독립운동가들의 연락과 요원들의 숙소를 운영했고, 이후 대구, 서울, 원산, 단동(丹东), 선양(沈阳) 등에 지점과 연락소를 운영했으나, 1927년에 일제 탄압으로 해산하였다. 또한 상하이에는 김시문이 운영한 금문공사라는 곳이 있었고 인삼 장사를 통해 번 돈을 임시정부 독립운동자금으로 지원하였다고 한다.

　백산상회를 실제 만든 인물은 경주 최부자집 12대손 최준이다. 그의 조상은 임진왜란과 병자호란 때 백성들을 구휼하는 데 앞장섰으며 300년간 명망 있는 부자집이었다. 최부자 집안은 백성들에게 싼 이자로 땅을 빌려주고, 낮은 임대료를 받았으며 백성을 위한 마음을 실천한 집안이다. 이회영이 명동성당 부근의 땅을 모두 팔아 독립운동을 하기 위해 만주로 가서 활동했다면, 최준은 외국에 나가지 않고 끝까지 한국에 남아서 노블레스 오블리주를 실천하였다. 최준은 만주나 해외의 독립자금을 보내기 위해 안희제에게 백산상회를 창립하게 하였다. 김마리아가 동경에서 2·8독립선언문을 들고 부산에 왔을 때 묵었던 곳도 부산백산상회이고, 많은 독립운동가가 거쳐간 곳이다.

　일제는 최준의 땅을 강제로 뺏어갔다가 3·1운동 이후 문화통치 시기에 여론을 의식해서 예전 땅의 1/3을 다시 돌려주었다. 이후 농민에게 싼 임대료로 운영하다가 해방 후 남은 재산을 모아서 대구대학을 설립하였으나, 재정이 어려워졌고 삼성 이병철이면 충분히 잘 운영할 거라는 생각으로 대구대학을 이병철에게 넘겼다.

얼마 되지 않아 사카린 밀수사건이 발생하여 삼성 이병철이 연루되고, 박정희는 사회적인 반향을 무마하기 위해 기업 총수에 대한 자격요건을 강화하는 조치를 내리고 이병철은 회장에서 물러나게 되었다. 이때 삼성이 소유하던 대구대학을 박정희가 빼앗아 갔고 동시에 청구대학을 합병하여 현재의 영남대학교를 만들었는데 당시 이 대학을 우스갯소리로 왕립대학이라고 불렀다. 박정희에 이어 박근혜가 이사장으로 되었으며 일정 기간 최태민이 대학을 운영하기도 하는 등 문제 많은 대학으로 알려졌다. 사카린사건은 김두한의 국회똥물 투척사건과도 연관이 있는데, 김두한은 김좌진의 아들이다.

해방 후 김구가 최준을 찾아뵙고 독립자금을 지원해 줘서 고마움을 표시하면서 그가 보관하던 임시정부 장부를 보여주었다. 최준은 장부 수치가 본인이 준 금액과 일치한다면서 그는 안희제 묘소 쪽을 향해 절을 했다고 일화가 있는데 엄혹한 시절 밀정과 사기꾼이 판치던 세상에 안희제는 그가 준 독립자금을 한 푼도 다른 곳에 쓰지 않고 임시정부에 전달했던 것이다.

끊어진 다리 압록강철교

단동(丹东)은 이성계가 위화도 회군을 한 월량도(月亮島)가 있고, 인근에 있는 압록강 철교는 6·25전쟁 때 선양(沈阳)에 모인 중국인민해방군이 압록강에 부교를 놓고 남한으로 넘어온 곳이고 이곳에는 가족들이 중국 군인을 향해 손을 흔드는 동상이 세워져 있다. 원래 있던 철교는 UN군이 폭파시켜 끊긴 철교 끝에는 압록강이라는 표지석만 남아 있다. 펑더화이(彭德怀)가 마오쩌둥(毛泽东)의 아들 마오안잉(毛岸英)과 함께 이곳을 건너 북한으로 들어가서 전쟁을 지휘했는데 마오안잉은 미군 폭격을 맞아 죽고 북한에는 그의 묘가 있어 북한 지도자는 기념일이 되면 찾아보고 있다.

▲ 단동(丹东) 압록강단교

최근에는 압록강 옆 단동(丹東)과 두만강 옆 훈춘(琿春)에 변경무역이라는 이름으로 북한 여성근로자들이 넘어와서 일하는 의류공장이 많은데 이들은 폐쇄된 생활 속에서 며칠씩 날을 새면서 일하기도 한다. 공장 안에는 북한 관리자가 감시를 하고 있고 혁명 노래를 계속 틀어놓고 일하는 광경을 볼 수 있다. 그 사람들의 월급이 한화로 십만 원 전후라고 하니 북한의 외화벌이 현실이 안타깝기만 하다.

2019년 겨울 부모님이 장춘을 방문하셔서 당일치기로 다녀왔고, 2020년에는 아는 형님이랑 또다시 방문했던 단동은 북한과 최인접한 도시여서인지 한편으로는 긴장감이 돌았던 것 같다. 배를 타고 북한 접경에서 본 자전거 탄 북한 주민에게 "통일합시다."라고 외쳤는데 그가 나의 목소리를 기억할는지 모르겠다. 이곳을 거쳐 간 많은 독립운동가도 일제와 싸우면서 조선 독립을 원했는데 지금은 중국 땅에서 북한과 소통해야 하니 참으로 안타까운 현실이고 어서 빨리 평화통일이 되었으면 좋겠다.

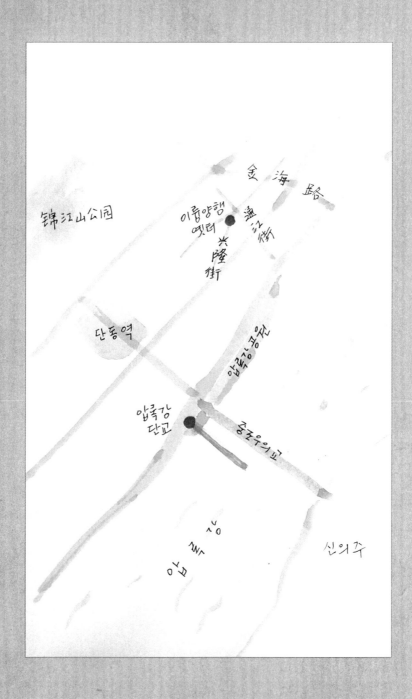

[선양(沈阳)]

조선 노예시장이 있던 남탑공원

선양(沈阳)에는 동서남북에 흰 탑을 중심으로 관광지가 형성 되었다. 서탑은 한국식당이 많은 곳이고, 동탑에는 1636년 병자 호란을 일으킨 청타이지의 묘가 있고 남탑은 조선에서 끌려온 노예을 사고 파는 인간 시장이 열렸던 곳이다. 조선으로 되돌아 간 여인들이 낳은 자식들을 호로자식이라고 부르고, 양반집에 서는 끌려간 딸을 찾아오기 위해 청나라 상인에게 뇌물을 줘야 했던 아픈 과거가 서린 곳이다. 청나라는 선양(沈阳)을 도읍으로 하였기 때문에 이곳에는 베이징(北京)보다 작은 고궁이 있다.

선양고궁에는 병자호란 때 인질로 잡혀 온 인조의 아들인 소현세자 부부 가 생활했던 청녕궁(清寧宮)이 있다. 이 곳에서 살면서 서양 문물을 접하게 되 고 그의 부인 세자빈 강씨는 노예로 잡혀 온 조선인을 상인들에게 돈을 주 고 사 와서 농장을 꾸려서 작물들을 팔고, 조선에서 물건을 가져다가 무역 업을 하기도 하였다. 인조는 병자호란 때의 삼전도 치욕을 앙갚음해야겠다

▲ 선양(沈阳)남탑

고 생각하고 있었으나, 조선으로 돌아간 소현세자는 청나라와 서양을 배워야 한다고 주장하여 인조의 미움을 사게 된다.

소현세자가 인조에게 청나라에서 선물로 받은 용연석(龍硯石)이라고 불리는 벼루를 내보이자 인조는 "요 녀석"이라고 하면서 용연석을 던져 소현세자가 머리를 맞고 죽었다는 야사가 전해진다. 그가 죽고 세자빈 강씨도 인조를 독살하려고 했다는 누명을 쓰고 죽게 되었고, 선양에서 같이 볼모생활을 했던 시동생 봉림대군이 왕위에 올라 효종이 되었다. 그는 강력한 반청 정책을 펼치지 못하였고 청나라에 조공 책봉을 계속하게 되었다.

만약 그때 조선에서 서양 문물을 받아들였다면 보다 빨리 근대화를 했을 것이다. 이후 영조, 정조 시대에 사회가 안정되었으나 순조 이후 세도정치로 조선은 쇠락하게 되고 일제강점기를 거치게 된다.

치욕을 잊지 말자, 918박물관

한국의 근현대사는 병인양요, 신미양요, 임오군란, 갑신정변, 청일전쟁, 을미사변, 아관파천, 독립협회, 대한제국, 러일전쟁, 을사늑약, 군대해산, 경술국치, 일제강점기, 3·1운동, 광복으로 이어졌다. 중국의 근현대사는 아편전쟁, 태평천국, 양무운동, 청프전쟁, 청일전쟁, 삼국간섭, 변법자강, 의화단운동, 러일전쟁, 신해혁명, 공산당 창당, 54운동, 북벌운동, 1차 국공합작, 918사건, 만주국 설립, 2차 국공합작, 중일전쟁, 태평양전쟁, 일본패망으로 이어졌다. 세계적으로는 프랑스혁명, 1차세계대전, 러시아혁명, 파리강화회의, 대공황, 2차세계대전으로 이어졌다. 이렇듯 세계정세의 변화는 한국과 중국의 여러 사건과 관련이 있다.

일본은 아편전쟁에서 청나라가 무너지는 모습을 보고 근대화를 위해 메이지유신을 단행했고 정치, 사회, 국방 등을 근대화하면서 군국주의 국가로 성장하였다. 또한 서양 열강과 함께 상하이(上海), 톈진(天津), 옌타이(煙台) 등에 조계지를 형성하고 영사관을 설치하면서 자국민 보호 명목으로 경찰과 군인을 주둔하면서 차츰 중국과 만주로 진출을 꾀하고 있었다. 러일전쟁 승

▲ 선양 918박물관

독립유적지 동행하기

리로 동청철도 부설권과 남만주철도 운영권을 러시아로부터 빼앗고, 만주철도회사를 중심으로 뤼순(旅順)지역에 진출한 상태였다. 일본 군벌은 일본 정부의 결정을 무시하고 제국주의를 확대하는 데 혈안이 되어 있었고, 일본 정부는 그런 군벌들을 통제하지 못하고 그들의 행위를 묵인해 주고 있었다.

중국은 위안스카이(袁世凱) 사망 후 지역별로 군벌이 득세하게 되고, 일본은 조계지에서 있는 외국 공사들과 친교를 유지하면서 만주와 대륙 진출을 꿈꾸게 된다. 1929년 세계 대공황으로 경제적 위기가 닥치자 조선만으로는 안 되니, 식민지 확대가 필요하다는 생각으로 1931년 9월 18일 선양(沈阳)에서 류타오거우(柳条沟) 사건을 일으키게 된다. 선양(沈阳) 북쪽에 일본이 운영하는 남만주철도의 철로를 청나라가 폭파했다고 억지를 써

▲ 장춘(长春) 푸이(溥仪) 취임장소

서 동북 3성의 기존 병력과 일본에서 파병한 대규모 병력을 활용해서 동북 3성을 차지하게 되는데 이때 동북 군벌인 장쉐량(張学良)은 국민당 장제스(蔣介石)의 지시에 따라 강력한 전투를 하지 못하고 동북 3성을 일본군에 쉽게 내어주게 된다.

일본은 자연재해가 없고 동북에서 중앙에 위치한 장춘(长春)을 수도로 정하고 도시 이름을 일본 동경과 일치하게 새로운 수도를 의미하는 신경(新京)으로 짓게 된다. 이후 텐진(天津)에서 유배 생활을 하던 푸이(溥仪)에게 원래 후금이 청나라가 되었고 그들은 동북에서 시작되었으니 황제로 등극시켜 준다고 해서 1932년 4월 1일에 장춘(长春)으로 데려와 길장도 이공서에서 즉위식을 거행하게 된다.

1945年9月2日，在东京湾美国战舰 "密苏里" 号上，举行日本对中、美、苏等盟国投降签字仪式。

▲ 심양 918박물관 사진

　　　　　　　　　　　　　　　독립유적지 동행하기

1945年9月3日，在美军密苏里巡洋舰上，日本外相重光葵代表日本政府在日本投降书上签字

▲ 장춘혁명박물관 사진

　　중국의 여러 박물관을 다녀보면서 역사적인 사진 속에 날짜를 잘못 기재한 것을 발견한 적이 있다. 중국의 전승 기념일은 9월 3일인데, 이는 일본이 9월 2일 항복 선언문에 서명한 서류가 다음 날인 9월 3일에 도착했기 때문이다. 장춘혁명박물관에 게시된 사진에 오류가 있었다.

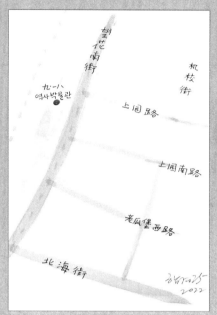

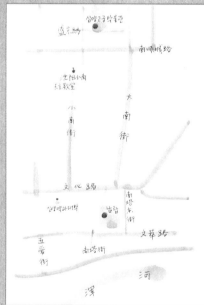

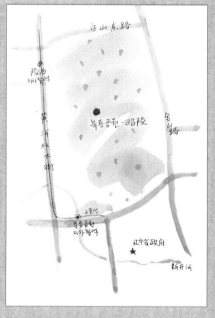

독립유적지 동행하기

[푸순(抚顺)]

2차 세계대전 전범수용소

푸순(抚顺)은 선양(沈阳)과 가까운 중소도시로 일본패망 후 동북에 있던 관동군 고위 장교와 만주국 황제인 푸이(溥仪)가 생활했던 수용소가 있다. 이곳에 있던 전범들은 신중국 지도부가 화해와 개조를 통해 범죄행위를 반성하게 하고 국제평화주의에 입각하여 재판하기 전까지 안전하고 건전한 생활을 할 수 있게 안배했으며, 먹는 것과 입는 것도 좋은 품질로 제공하였고, 일상을 계획표에 따라 규칙적으로 생활하였다. 1937년 2차 중일전쟁 중 난징(南京)대학살을 자행하고 대동아전쟁을 일으킨 용서할 수 없는 일본군인이지만 사상교육, 체육활동, 음악 활동, 발표대회를 통해 스스로 개조하고, 자아비판을 통해 잔인했던 본인을 통렬히 반성하게 하여 그야말로 개과천선하게 만든 장소다.

▲ 푸순(抚顺) 전범수용소

나의 어렸을 때 꿈인 외교관은 조선시대에는 중국어를 하는 역관이었을 것이다. 『열하일기』의 박지원은 필담으로 청나라 사람들과 소통했다고 하는데 선양에는 분명 200년 전의 흔적과 기록이 많이 있을 것이다.

또한 상하이(上海), 난징(南京) 등을 여행하면서 유가족을 만나 참회의 눈물을 흘렸고, 상하이에서는 쉬자후이(徐家汇)에 있던 쐉첸(双钱) 타이어 공장을 방문하기도 하였다. 교도관 중에 한국인 김원이라는 분의 사진도 전시되어 있는데 그는 일본어와 중국어를 구사하는 분으로 통역관 역할을 하였고, 출옥한 일본인들은 그에게 존경을 표시하였다. 일본에는 푸순(抚顺)교도소에서 출옥한 사람들을 중심으로 중국 귀순모임을 만들었고, 그들은 반전운동과 일본의 반성을 촉구하는 활동을 하였으나, 우경화된 일본 사회에서 목소리를 내지 못하고 있다.

마지막 황제 푸이(溥仪)는 이곳에서 981번 명찰을 달고 10년을 지냈다. 신발 끈도 맬지 몰랐던 그는 모든 일을 하인들이 해주었던 생활 습관을 개조하였고, 본인의 옷을 직접 바느질하고, 노동을 통해 인민의 삶 속으로 들어갈 수 있게 해 주었다. 5살에 청나라의 마지막 황제로 등극한 후 근현대사의 서양 열강과 군벌들 속에 격동의 시절을 보냈다.

▲ 상하이 쉬자후이공원에 있는 쌍첸타이어 공장 굴뚝

　　그는 베이징(北京)에서 쫓겨나 톈진(天津) 일본 조계지인 정원(靜园)에서 생활하다가 일본이 만주국을 세우자 장춘(長春)에 가서 만주국의 황제에 앉아서 일본의 꼭두각시 역할을 하게 된다. 위만황궁에는 그의 4명의 부인 얘기가 전해지는데 첫 번째 부인은 아편 중독자이고, 두 번째 부인은 그가 아꼈으나 일찍 죽고, 세 번째 부인은 푸순(抚顺) 교도소에서 찾아와 이혼을 요구해서 중국 황실 최초 이혼 판결을 받았고, 네 번째 부인 리수셴(李淑贤)과 출옥 후 여생을 함께했다. 그는 어렸을 때 살았던 자금성(紫禁城)에서 정원사로 일하다 쓸쓸히 생을 마감했다고 전해진다.

2020년 가을에 후배와 둘이서 다녀왔던 푸순은 작은 도시였지만 백탑이 있는 걸 보면 열하일기의 한 장소이었으리라 생각했다. 국제주의에 입각하여 개화한 전범들이 눈물을 흘리며 반성하였는데, 일본에 돌아가서 목소리를 내지 못하는 현실이 안타깝다. 그 사람들이 느꼈던 감정과 후회를 후손들에게 많이 전파해서 일본이 과거 잘못을 뉘우치는 일이 이번 생애에 생기기를 기대해 본다.

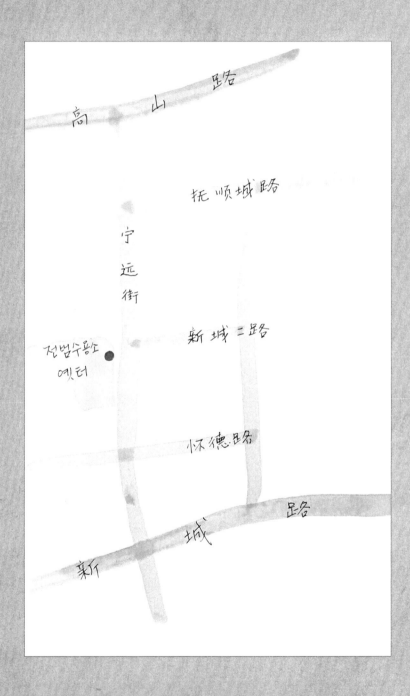

高山路

抚顺城路

宁远街

新城二路

전범수용소
옛터

怀德路

新城路

[장춘(長春)]

만보산(万宝山)사건 기념비

1929년 세계 대공황이 발생하면서 일본은 조선을 넘어서 만주 진출을 노리게 된다. 일본은 옌지(延吉)에 총독부를 설치하여 조선인 보호 명목으로 동북에 일본 경찰과 군인을 주둔시키고 있었고 중국 본토는 군벌들의 난립으로 동북지역에 신경 쓰지 않고 있었다. 특히 중국은 대륙이어서 척박하고 인구도 많지 않은 동북은 그다지 중요한 지역이 아니었다.

홍코우(虹口)공원 윤봉길기념관에는 그가 아들에게 쓴 편지에서 "만보산(万宝山)사건의 치욕을 잊지 말라"는 대목이 있고, 선양(沈阳) 918 박물관에도 만보산사건을 통해 일본에서 조선인과 중국인을 이간질했다는 소개가 되어 있어서 만보산이란 이름만 보고 어떤 산에서 발생한 전투인 줄로만 알았는데 이곳은 장춘(長春) 인근의 지역 이름이다.

장춘(長春) 북쪽 이통하(伊通河) 지류를 거슬러 올라가면 마샤코우(马哨口)라는 지역이 있는데 이곳에서 일본인은 땅 주인에게 알리지 않고 조선인을 모아서 싼 임대료에 토지를 배분하는데 조선 농민들이 일본인 말에 속아 그 땅에서 농사를 시작하게 된다. 조선 농민들은 쌀농사 수경을 하기 위해 이통하 물줄기를 본인의 논 쪽으로 대는 작업을 하였고 어느 날 중국인 주인이 자기 땅에서 농사를 짓고 수로를 마음대로 내었다고 시비가 붙게 된다. 일본 경찰이 출동하여 중국인을 무력으로 진압하자 다음 날 중국인들이 몰려와서 조선 농민들을 폭행하는 일이 발생하였다. 조선일보 장춘(長春) 특파원 김동삼은 일본인의 사주를 받고 만주에 있는 조선인들이 중국인에게 맞아서 죽었다는 만보산사건을 신문에 내게 되는데 이것이 우리나라 최초 오보사건인 것이다. 이를 본 조선인들이 분개하게 되고 한국에서 중국 화교들이 운영하는 가게에 불을 지르고, 중국 화교 200여 명을 죽이게 되었는데, 이 사태로 중국과 한국의 관계가 나빠지게 된다. 만보산(万宝山) 사건 오보를 낸 김동삼은 의열단에 의해 지린(吉林)시 회덕(怀德)가 90호 동아여관 앞에서 총격을 받아 죽게 된다.

얼마 지나지 않아 일본은 1931년 선양(沈阳)에서 918사건을 일으켜 만주국을 세우고 톈진(天津) 장원에 있던 푸이(溥仪)를 데려와 위만괴뢰정부를 수립하여 중국대륙에 정식으로 진출한다. 중국은 국제연맹에 일본의 강제침탈을 조사해 달라는 요구를 하게 되고 국제연맹이 리튼경 일행을 중국에 파견하여 조사를 시작하자 일본은 국제연맹을 탈퇴해 버린다. 일본은 국제적 시선을 만주국이 아닌 상하이로 돌리기 위해 상하이(上海)의 일본승려 살인사건을 빌미로 1932년 상하이에서 128사변을 일으킨다. 일본은 만주국성립과 128승리를 기념하고 천황 생일인 천장절을 맞이하여 4월 29일에 상하이(上海) 홍코우(虹口)공원에서 기념식을 하던 중 윤봉길의 폭탄을 맞아 일본의 중요인물이 사망 또는 부상을 입게 되는 일까지 전개된다.

1882년 임오군란 때부터 청군을 따라와 한국에 정착한 화교들이 조선에 많이 살고 있었는데 그들은 오랑캐 호(胡)에 떡을 붙인 일명 호떡을 팔면서 생계를 유지하였다. 만보산(万宝山)사건 때 조선인이 호떡 가게를 불태우게 되는 일을 가리켜 "호떡집에 불났다"는 말이 생겨났는데 이 말은 다급한 상황이 더욱 악화된다는 의미로 쓰이고 있다. 호떡 외에도 호주머니, 호로자식, 후추라는 말이 외국에서 들어왔다는 의미로 쓰이고 있다.

"을씨년스럽다"는 말이 있는데 이것은 1905년 체결된 을사조약으로 인해 나라의 운명이 어둡고 무서워진다는 데서 생겨난 말로써 을사년 을사년 하다가 바뀌게 된 말이라고 한다. "미역국 마시다"는 말이 있는데 이것은 1907년 일제의 군대해산 때 생긴 말로서 조선에서는 해산이라고 하면 아이를 낳은 엄마가 몸을 추스리기 위해 미역국을 먹는 것이 통상인데 군대가 해산되면 조선이 망하게 되는 것을 엮어서 만든 말로써 시험이나 승진에 떨어졌을 때 쓰는 말이다.

1931년 만보산(万宝山)사건으로 인해 중국과 한국의 관계는 나쁜 상태였으나 1932년 이봉창의 도쿄일왕 폭탄투척 사건과 윤봉길의 홍코우(虹口) 의거로 국민당 정부에서는 관계 개선은

물론이고 한인애국단을 지원해 주는 계기가 되었다. 표지석은 이통하 지류에 있는 마샤코우(马哨口)라는 작은 시골 마을의 논 중간에 있는데 찾기가 매우 어렵고 한국인은 찾아오는 이가 없 고 장춘(长春)시 공무원들이 일 년에 한 번씩 와서 사진을 찍고 간다고 한다.

내가 직접 찾은 유적지 중에 가장 힘들게 찾았고 다녀온 사람 이 없어서 정말 사진 한 장 들고 중국인들에게 물어물어 찾았고 그곳 주민 6명이 나와서 장황하게 설명하는데 내가 마치 한국 의 대표라는 생각이 들어서 무척 고맙고 뿌듯한 느낌을 받았다. 이곳을 알려서 많은 사람이 당시 조선 이민족의 애환과 사건의 전말을 알게 되길 기대한다.

▲ 만보산(万宝山)사건 기념비

최규하가 졸업한 신경대학

신경대학은 현재는 중국항공대학이 위치하고 있으며 강영훈 국무총리와 최규하 대통령이 졸업한 학교고, 당시에 대동대학이라고도 불렸던 곳이다. 당시에는 우수한 성적이어야 다닐 수 있는 학교였다. 멀지 않은 곳에 있는 만주군관학교에는 박정희가 다녔는데, 그 둘은 장춘 시내 어느 술집에서 만나지 않았을까 싶다. 장춘이라는 이름은 '봄이 길었으면.' 하는 바람으로 만든 지명이라고들 하는데, 한국의 대통령을 두 명이나 배출한 지역이라고 보면 장춘에서 살았던 교민들에게도 좋은 기운이 있을 것 같다.

박정희가 졸업한 만주군관학교

장춘(长春)시 외곽 라라툰(拉拉屯)이라는 곳에는 만주군관학교가 있었다. 박정희가 대구사범대학을 졸업하고 교사 생활을 하다가 장춘에 와서 만주군관학교를 졸업했고 졸업식에서 푸이(溥仪)로부터 만년필을 받았다. 이후 그는 일본육사에 편입하였고 졸업 후 만주특설대로 동북 지역에 살다가 일본패망 후 텐진(天津)을 통해 부산으로 돌아갔고 6·25전쟁 때 다시 군인으로 복무하다가 4·19혁명으로 이승만이 하야하자 5·16쿠데타를 일으켜 대통령이 되었다. 선양(沈阳)에도 만주군관학교가 있었는데

▲ 라라툰 만주군관학교 부지

이곳을 졸업한 백선엽이라는 인물은 박정희가 여순반란사건 이후 남로당 사건으로 사형 위기에 놓였을 때 박정희로부터 군대 내 남로당원 명단을 넘겨받아 그를 풀어주게 되었고 박정희는 후에 대통령까지 하게 된다.

만주군관학교는 현재 중국인민해방군 육군하사관탱크부대가 있어 출입할 수 없으나 나는 지인을 통해 방문했는데 대부분 현대식 건물이고 일본식 사당이 일부 남아 있었다. 안내하는 중국 군인이 차에서 내리지 않고 사진을 안 찍는 조건으로 겨우 들어갔고 겨우 들어갔고 그곳에서 탱크의 포신은 일본을 향하고 있어서 이곳 장춘 사람들도 일본에 대한 역사의식이 있는 것 같았다.

만주 괴뢰정부 청사였던 웨이만(伪满)황궁

장춘(长春) 시내 유일한 관광지는 웨이만(伪满)황궁이라고 한다. 웨이만 괴뢰정부 수립 시 일본과 전쟁을 피하던 장제스(蒋介石)는 동북 군벌 장쉐량(张学良)에게도 일본에 대응하지 말라는 지시를 하여 일본은 쉽게 동북을 차지하게 되고, 수도를 정할 때 선양(沈阳)과 하얼빈(哈尔滨)을 검토하다 장춘(长春)으로 결정한다. 만주국은 9개 국가와 수교를 맺고 푸이(溥仪)를 황제로 취임시킨다.

일본인은 차관 직책만 수행하고 정치 행정에서 정면에 나서지 않는 형태지만 실제는 일본이 통치하는 그야말로 괴뢰정부인 것이다. 친일 성격의 인물들은 모두 이곳을 거쳐갔고, 1940년대 난징(南京)의 왕징웨이(汪精卫) 정부도 친일 정부인 셈이다. 국민당 정부는 여전히 일본과의 전쟁보다는 국제외교로 해결하려고 한 반면 공산당은 동북항일연군을 통해서 일본군과의 무력투쟁을 계속하게 된다. 현재 웨이만 황궁에는 정부 기관 건물과 푸이가 살았던 장소를 전시해 두었고, 특히 4구 당구대가 설치되어 있는 것이 인상적이다. 웨이만 황궁 외에 장춘시내에는 영화박물관이 있는 데, 이곳에는 김염과 친이가 소개되어 있다. 장춘(长春) 영화박물관에는 김염과 친이(秦怡)가 출연한 영화가 소개되어 있다.

▲ 장춘 웨이만황궁

▲ 장춘(长春) 영화박물관

만주국 상수원 징웨탄(净月潭)

일본은 내선일치라는 명분으로 만주국에 일본인과 조선인 이주를 통해 인구를 늘려갔다. 만주국 수도인 장춘(长春)에 상수원이 필요한 상황에서 징웨탄(净月潭)의 수로 공사를 통해 물 공급을 하게 되고, 수로 공사 후 호수의 모양이 용 모양임에 따라 일본 관료들은 일본 천황의 조상들을 징웨탄(净月潭)으로 옮길 생각까지 했다고 한다. 나무를 심고 수로 작업을 통해서 징웨탄(净月潭)은 산림녹화가 잘 되어 있는 상태고 이곳에는 골프장, 산림욕, 호텔, 스키장, 온천 등이 들어와 있는데 특히 여름철에 등산이나 산보하기 좋은 장소다. 징웨탄(净月潭)이란 이름은 일본의 식민지였던 타이완(台湾)의 르웨탄(日月潭)을 본뜬 이름인데 원래는 거울이라는 의미의 경(鏡) 자를 잘못 표기하면서 지금에 이르고 있다.

내가 장춘에서 생활할 때 주말이면 산책하러 다닌 곳이었고 같이 산보했던 지인이 참 많았던 곳이다. 이곳을 개간하기 위해 분명 조선 사람들도 있었을 것이고 그들의 후손이 장춘에 살고 있을 것이다.

▲ 용 모양의 징웨탄

항일무력투쟁을 이끈 신흥무관학교

1910년 이회영 일가가 독립운동을 하기 위해 만주에 건너와
서 경학사, 신흥강습소, 신흥무관학교로 이름을 바꿔가며 독립
군을 양성했으나 일제의 감시 때문에 다섯 번이나 이전해야 했
다. 내가 찾아갔던 합니하(哈泥河)와 삼원보(三源浦)라는 곳은 이
름만 있고, 표지석이나 정확한 장소를 찾을 수 없는 상태인데
산과 하천이 있고 마을이 형성되어 있어 이곳 어딘가에서 활동
했으리라는 짐작만 하였다. 당시에 배고픈 상태에서 군사훈련
을 했을 젊은이들과 어려운 재정상태를 타개하기 위해 많은 고
민을 했을 독립운동가들을 생각하니 마음이 찡하였다.

▲ 신흥무관학교가 있었던 합니하

▲ 신흥무관학교가 있었던 삼원보

▲ 서울 종로구에 있는 신흥대학 터

신흥무관학교 졸업생 중 김원봉, 윤세주는 의열단, 조선혁명당, 조선의용대로 이어진 독립단체를 만들었고 일부는 임시정부에서 활동했다. 영화 〈암살〉의 마지막 장면에서 속사포가 "나, 신흥무관학교 출신이야."라고 했던 대사가 인상에 남는다. 일제 패망 후 신흥무관학교는 한국에서 1949년 이회영 동생인 이시형이 신흥학교로 재건했으나 6·25전쟁 이후 이승만 정권 때 새로운 이사장이 선임되고 경희대학교로 개칭되면서 신흥학교는 사라지게 된다.

신흥무관학교는 많은 연구로 정확한 장소를 찾고 표지석을 세워야 할 곳이라고 생각한다. 국군의 전신이 광복군이고 그 이전이 신흥무관학교일 것인데 우리가 찾아야 할 책임이 있다고 생각한다.

伊通河

만보산사건
기념비 (묘비모)

琿烏高速

长春北도通

잔춘북호
습지공원

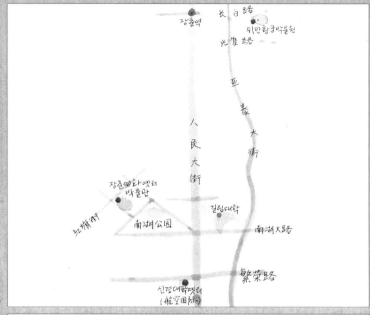

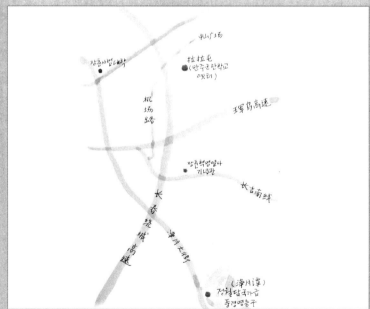

독립유적지 동행하기

[지린(吉林)]

김원봉의 의열단창립지

1919년 11월 지린(吉林)시 반(班)씨 집에서 13명의 조선 청년이 모여서 의로운 일을 맹렬히 행하고, '7가살 5파괴'를 강령으로 정한 의열단을 만든 장소가 있는데 현재는 은행 건물이 들어서 있다. 임시정부는 많은 노선이 모인 조직이기 때문에 내분과 의견 충돌로 항상 시끄러운 반면 의열단은 김원봉을 중심으로 무력투쟁을 행하는 목표로 뭉쳤기 때문에 일사분란한 투쟁을 하게 된다.

김원봉은 대한광복군 박상진의 무장투쟁을 보면서 의열단을 만들었다. 박상진은 양정의숙에서 공부하고 1910년 판사에 임용되나, 일본 정부에 협력할 수 없다며 사표를 내고 초기 독립운동을 한 인물이다. 대구에 상덕태상회와 중국 장춘(长春)에 상원양행 등을 운영하면서 군비 마련과 정보를 수집하였고, 친일 부호에게 독립자금을 요구했으나 협조하지 않으면 척결하는 무장투쟁의 원조였다. 대한광복회는 국내로 무기를 도입하려다 일제에 발각되어 노백린은 미국으로, 김좌진은 만주로 피신하게 된다. 박상진은 쑨원(孙文)과 장제스(蔣介石)을 만나서 조선 독립을 주장했고, 1921년 일본에 의해 교수형에 처해진다.

김일성이 졸업한 육문(毓文)중학

　육문(毓文)중학은 김일성이 다닌 중학교이자 꿔모루(郭沫若)가 교사로 근무했던 학교다. 김일성은 1930년대에 동북항일연군 소속으로 허형식과 같이 일본군과 싸웠고, 소련에서 생활한 후 일본패망과 함께 북한 정권을 세우고 6·25전쟁을 일으킨 인물이다. 남북분단 이후 박헌영계와 옌안(延安)파를 숙청하여 세습 체계를 완성하였고 1994년 여름 세상을 떠난다. 꿔모루(郭沫若)는 상하이(上海) 홍코우(虹口)공원 근처에 있는 좌익작가연맹에서 활동하였고, 홍콩에서 김염과 친이(秦怡) 결혼에 참석하였고, 김학철이 베이징(北京)에 있을 때 이화원(颐和园) 내 소와전(邵窝殿)을 숙소로 내어준 인물이다.

　김일성과 손정도 목사의 인연도 있다. 손정도는 과거시험을 보러 가는 길에 묵었던 집에서 조씨 성을 가진 목사를 만나 그동안의 생각을 완전히 바꾸게 된다. 과거시험을 보지 않고 집에 돌아와 본인의 상투를 자르고 신주를 땅에 파묻었는데 결국 집에서 쫓겨나게 된다. 이후 평양교회에서 선교사의 한국어 교사를 하면서 평양숭실학교를 다녔는데 당시 동창이 김형직으로 김일성의 아버지다. 공부를 마치고 서울정동교회 목사가 되었고, 그때 유관순 열사를 가르치게 된다. 이후 의친왕과 함께 파리강화회의에 참석하기 위해 김란사와 상하이(上海)에 먼저 왔고, 의친왕이 단동(丹东)에서 일본에 발각되어 한국으로 돌아가자 손정도는 그때부터 한국에 가지 않고, 상하이에서 임시정부 요원으로 활동하게 된다.

상하이(上海)에 정착한 손정도는 임시정부 의정원의장, 국무원 교통총장, 인성학교 교장 등을 역임하였으며, 1923년 국민대표회의가 실패하자 1925년 지린(吉林)으로 간다. 그곳에서 목회 활동을 하다가 1931년 세상을 뜨게 되는데, 그가 지린(吉林)에 있을 때 김형직의 부탁으로 육문(毓文)중학에 다니던 김일성을 돌봐 주었다. 김일성은 손정도의 아들 손원태를 형이라고 부르며 따랐고 1993년에 그를 평양으로 초청하여 감사를 표시하였다. 손정도의 둘째 아들인 손형일은 한국해군의 아버지로 불리고 있고, 인천상륙작전에 참전한 분이다.

▲ 지린(吉林) 육문(毓文)중학

김란사는 남편이 관세사로 일하여 큰돈을 벌어서 자비로 미국유학을 다녀와서 이화학당 교수로 있으면서 독립운동에 참여한 여성운동가다. 김필순은 그녀를 서울에서 만난 적이 있는데, 김규식을 파리강화회의로 보내기 위해 와이탄(外灘)에 왔을 때 그녀를 부두에서 만나게 되었다. 그녀는 배편을 구하지 못하여 기차로 파리에 가겠다고 해서 김필순이 베이징(北京) 가는 기차표를 사주었으나 이후 그녀는 베이징에서 병사했다고 한다.

민족분단을 일으킨 김일성이 지린시에서 중학교를 다니고, 그를 손정도 목사가 돌봐주었고, 손 목사는 임시정부에서 활동한 것을 보면 동북은 참 많은 인물이 거쳐간 곳임이 분명하다. 많은 조선족이 아직까지 우리 민족으로 있는 한 한국 정부나 민간에서 조선족과 협력해서 국익을 위한 활동 기회를 만들어야 한다고 생각한다.

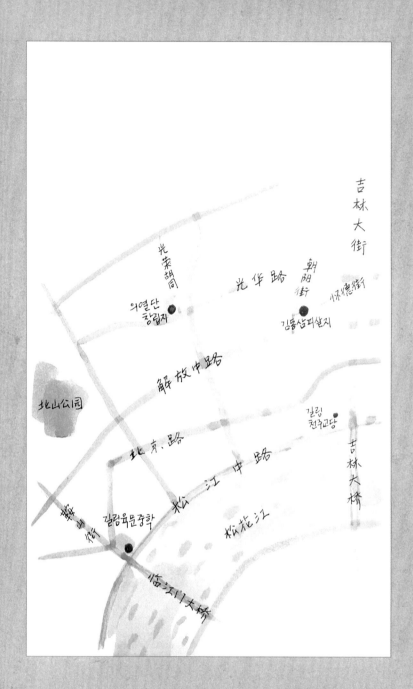

독립유적지 동행하기

[옌지(延吉)]

민족의 정기 백두산

백두산을 오르는 길은 북파, 서파, 남파로 3개가 있는데, 북파, 서파는 관광객이 많이 찾는 곳이다. 북파는 2005년 강호동의 〈1박 2일〉에서 긴 계단과 장랑을 통해 폭포를 보면서 천지에 도착한 후 전국에서 가져온 물을 천지(天池)에 부으면서 남북이 하나라는 멘트를 했는데 이후 장랑은 강호동의 체중을 이기지 못하고 허물어져서(?) 지금은 통행금지가 되어 있고 온천수로 삶은 계란이나 옥수수를 먹는 재미가 있다.

서파는 관광지로 잘 꾸며지지 않았으나 계단을 오르다 보면 천지를 볼 수 있고 맞은편 북파를 볼 수 있다. 나는 두 번의 북파 등반에서 안개 때문에 천지를 보지 못했다. 어느 날 지인이 서파는 장춘(長春)에서 당일치기로 갈 수 있다고 해서 새벽 4시에 출발해서 너무도 맑은 하늘과 푸른 천지를 볼 수 있었다. 하산하는 길에 백두산 협곡까지 보고 저녁 7시에 장춘에 도착한 적이 있다. 남파는 북한 국경전과 접해 있어서 그 노선을 가려면 사전에 신고해야 하고 간헐적으로 개방하기 때문에 못 갔지만 북파, 서파보다 훨씬 웅장하고 볼 것이 많다고 한다. 남파 깊숙한 곳에 농심 삼다수 공장이 있다. 코로나가 빨리 끝나서 예전처럼 한국인들이 백두산을 많이 찾아오길 기대해 본다.

▲ 백두산 서파 쪽 천지

민족시인 윤동주 생가

옌벤(延边) 조선족 자치주 중심인 옌지(延吉)시는 조선 이민족이 먼저 자리를 잡고 촨관동(闯关东)이라고 해서 산동 지역의 가뭄으로 만주족, 한족이 넘어와서 정착한 곳으로 많은 독립운동가와 농민이 살았던 곳이다. 19세기 중반 동북 지역은 청나라에서는 소외된 곳이기도 하였고 일본의 조선 침략 후 청나라에서 제국주의 확산을 막기 위해 노력했으나 일본은 조선인도 자국민이라는 이유로 옌지에 총독부와 영사관을 설치하고 경찰과 군인을 상주시켜 조선과 똑같이 무단통치로 조선 이민자들을 통치한 곳이다.

윤동주는 용정(龙井)에서 태어나 대성중학교를 졸업하고, 서울에 연희전문대학을 다녔으며 일본 유학 중 생체실험 대상인

▲ 용정(龙井) 일본 총영사관

마루타로 생을 마감하였다. 그 친척이자 친구인 송몽규, 그리고 영화배우 문성근의 아버지 문익환 목사가 친구였고, 가수 윤형주가 친척으로 인연이 있고, 그의 생가에는 '저명한 조선족 민족시인'으로 된 표지석이 있다.

중국으로 건너간 후 중국 국적을 취득한 경우 그들을 중국인으로 부르지만, 중국에서 태어나 한국에서 대학을 다녔으므로 한국의 민족시인으로 얘기하고 있다. 그가 조선족이냐 한국인이냐는 참으로 어려운 것 같다. 당시 간도는 중국영도이지만 중국이 관리하지 않았고, 그곳에 거주한 한국인은 일본의 식민지였다면 일본도 자국민으로 표현할 수도 있다. 정율성, 김염 같은 분은 한국에서 태어났으나 중국 국적을 취득했으므로 다른 의견이 없고, 신중국 설립 후 중국에 남아있는 조선인은 중국조선족으로 분류되는 것도 인정하나, 일제 치하에 간도 지역에 살다가 돌아가신 분들의 국적을 논하기는 어렵다. 사할린에서 일본패망 후 남아있던 우리 민족은 일본도 러시아도 아닌 무국적자였던 것이다. 우리 민족 또는 조상의 나라가 한국이었다고 하는 것이 올바른 표현일 것 같다.

▲ 대성중학교

▲ 윤동주 생가

일송정 푸른 솔

조두남 작곡의 〈선구자〉라는 가곡은 고등학교 음악 시간에서 노래 시험을 볼 때 뽑히던 곡이다. 가사에는 일송정과 해란강이 나오는데 해란강은 두만강과 나란히 흐르는 강줄기고, 이곳의 토양이 좋아 쌀을 베이징(北京)에 진상한다고 한다. 비암산(琵岩山) 자락에 있던 일송정은 일제에 의해 베어져 없는 상태이고, 큰 비석이 그 표시를 하고 있다.

〈선구자〉의 작곡가인 조두남도 친일파였고, 〈애국가〉를 작곡한 안익태도 친일파였는데 중국인민해방군가를 작곡한 정율성은 위대한 중국인으로 추앙받고 있는 것도 참 아이러니하다. 음악과 노래를 통해 인간의 감정을 휘어잡을 수 있는 건 초한지에서 항우의 부하들이 초나라 노래에 전의를 상실하고 한나라에 투항한 사면초가(四面楚歌)와 같은 원리인 것 같다.

그 무렵 조선에서는 이난영이 부른 〈목포의 눈물〉이라는 대중가요가 유행했는데, 그녀는 남편이었던 김해송이 월북한 후 유명 가수인 남인수와 부부관계를 유지했다. 김해송과 남인수는 친일인명사전에 이름을 올렸다. 군국가요를 불러 조선의 청년들을 전쟁통에 보내도록 한 것인데, 당시의 상황을 생각하면 아득하기만 하다. 노래와 글과 예술은 군중을 움직이는 가장 큰 힘이라고 할 수 있을 것 같다. 이난영 본인은 '저고리시스터'로 한국 최초 걸그룹 활동을 하였고 자식들에게 혹독한 예능 연습을 시켜 딸들은 '김시스터스'로, 아들들은 '김보이스'로 미국 연예계에 진출시켜 성공시키고 그녀는 한국에서 쓸쓸히 생을 마감한다.

중국의 피카소 한락연공원

1898년 용정(龙井)에서 태어난 한락연은 중국의 피카소로 알려졌고, 그를 기리는 공원이 옌지(延吉)에 있다. 상하이미술전

문학교을 다니면서 상하이임시정부의 파벌싸움을 보고 1923년 조선인 최초로 중국공산당에 가입하였다. 1929년 프랑스 유학을 가서 미술을 공부하였고 돌아올 때는 시안(西安)사변 때 장쉐량(张学良) 부하였던 양후청(杨虎城)과 함께 돌아왔고, 우한(武汉)에서 서양 기자인 님웨이즈와 스메들린 등과 교류하였으며 공산당 활동과 항일투쟁을 하였다. 중국 둔황에 있는 기칠석굴에 있는 고대 불교 벽화를 연구하여 동서양의 예술 체계를 종합하는 일을 하였다.

내가 소개하는 인물들에게 별칭이 있는 것은 참으로 좋은 것 같다. 중국의 피카소 한락연, 중국 종양학의 아버지 김현택, 영화황제 김염, 중국 군가의 아버지 정율성. 다들 중국에서 활동한 우리 민족이었던 것이 뿌듯함을 느끼게 한다.

▲ 옌지(延吉)시 한락연 공원

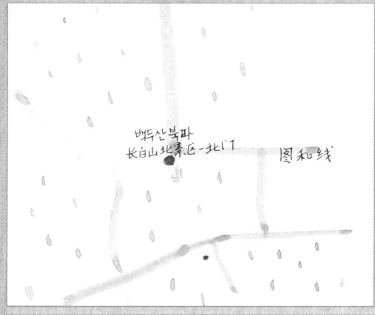

백두산북파
长白山北景区 - 北坡

图和线

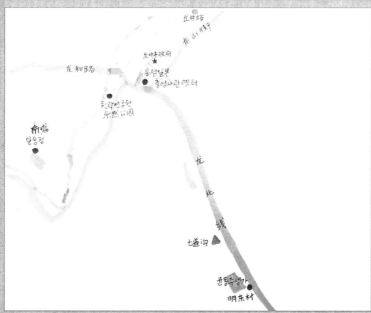

[훈춘]

청산리전투 유적지

1910년 이회영 6형제와 이상룡이 만주에 넘어와서 경학사, 신흥강습소, 신흥무관학교로 이어지는 독립군양성소를 만들었고, 졸업생들은 봉오동, 청산리전투에 참여했다. 일본은 1920년 두 전투의 보복으로 훈춘(琿春)사건을 일으켜 간도에 들어왔고, 조선 이민자를 무참히 죽이는 간도참변을 일으켰고 그때 신흥무관학교는 해체되었다.

당시 봉오동, 청산리 전투에 쓰인 무기는 1차 세계대전 이후 본국으로 돌아가려는 체코군이 쓰던 무기를 구입해서 사용하였다. 체코군은 육로가 아닌 블라디보스토크을 통한 해로를 이용하기로 했고, 1차대전이 끝나는 상황임에 따라 무기를 한국 독

▲ 청산리전투기념비

▲ 봉오동전투 입구

독립유적지 동행하기

립군에서 구할 수 있었다. 구입 자금은 대부분 최운산과 그의 동생 최진동과 백산상회의 최준이 부담한 것으로 알려졌다. 최운산의 부친은 고종이 파견한 북간도 옌볜(延边) 관리자였고 두 형제는 중국군에 있으면서 장쉐량(张学良)의 도움으로 생활필수품 공장과 무역업을 해서 큰 부자가 되었으며 두 형제의 지원으로 일본군을 물리치게 되었다.

당시 상하이(上海)에 있던 대한민국임시정부는 조직 정비가 되지 않고 내분이 생기면서 독립군을 지원할 수 없는 상황이었고, 두 전투가 끝나고 대한독립군은 러시아로 가서 체제를 정비하려고 미샨(密山)을 거쳐 러시아로 진입했다. 그러나 고려공산당 내 상하이파와 이르츠크파 간의 이견과 무장해제를 요구하는 러시아군의 요구에 대한 의견충돌로 동족끼리 내전이 일어나 500여 명이 사망하는 이른바 '자유시참변'이 일어났다. 이후 독립군 일부는 러시아군에 편입되고, 일부는 만주 지역으로 들어오게 된다.

자유시참변으로 김좌진은 공산주의를 배격하게 되어 미샨(密山)에 자리를 잡고 방앗간을 운영하면서 지내다가 1930년 공산주의자에 의해 목숨을 잃었고, 그의 자손은 김두한, 김을동, 송일국, 대한민국만세로 이어져 정치인, 연예인으로 활동하고 있다.

홍범도는 봉오동전투 이후 연해주에 정착하여 1923년 러시아공산당 산하 코민테른에서 개최한 원동피압박민족대회에 참석을 위해 모스크바에 갔다. 그곳에는 공산주의 계열, 아니키즘 계열, 노동자 대표, 기독교 연맹 등 다양한 단체에서 대표를 파견하여 52명이 대회에 참석하였고 홍범도는 이곳에서 최진동, 김규식, 여운형, 김시현, 권애라 등이 만나서 독립의 필요성과 사회주의 혁명에 대해 같이 토론하였다.

이곳에서 권애라는 의열단 단원이었던 김시현을 만나서 결혼을 하는데, 그녀는 쑤저우(苏州)에 있는 경해(景海)여자사범학교를 졸업하였고, 김시현은 해방 후 이승만 살해미수 사건을 일으킨 인물이다. 상하이(上海)에 있는 공산당제2대회지에는 중국 참석자를 소개하는 사진이 있는데 그곳에 여운형, 홍범도의 얼굴을 찾아볼 수 있다.

▲ 상하이(上海) 공산당2대회지 내 홍범도, 여운형 사진

홍범도는 연해주에서 독립운동을 하다가 1937년 중일전쟁이 발발하자 일본인과 조선인을 분리해야 한다는 스탈린의 정책으로 중앙아시아에 강제 이주를 하게 된다. 그는 화물열차를 타고 40여 일을 거쳐 카자흐스탄에 도착해서 극장 문지기로 일하다가 순국하게 되고, 2021년에 그의 유해를 한국으로 모셔 오게 된다.

2017년 여름휴가 때 독립운동 유적지로 여정을 잡고 가족들과 함께 청산리전투유적비를 찾았을 때 기사님이 여러 번 다녀온 분이었기에 가능했던 기억이 있다. 대한광복군은 지금도 찾기 어려운 그런 시골 마을에서 일제를 쳐부수었기에 찾아온 보람이 있었다. 연변대에 있는 기념비도 찾기를 포기하려다가 한 번 더 돌아서 겨우 찾아갔던 것이 참으로 다행이었다. 그래야 그런 투쟁을 하신 것과 그런 장소를 만든 분에 대한 보람일 것이고 작은 보답이라고 생각한다.

▲ 옌뱬(延边)대 항일무명영웅기념비

한 많은 두만강

1900년 의화단 사건을 진압하기 위해 러시아군은 동북 지역에 진출하고, 사건이 종결되어도 러시아는 군대를 철수하지 않고, 하얼빈(哈尔滨), 장춘(长春)까지 남하하여 만주 지역까지 넘보게 된다. 일본은 제국주의 팽창으로 조선과 만주까지 진출을 도모하는데, 결국 러시아의 남하정책과 일본의 대륙진출정책이 부딪쳐 긴장 상황이 1904년 러일전쟁으로까지 이어지게 된다.

러일전쟁 중에 일본이 승기를 잡자 러시아에서는 발틱함대를 출동시켰으나 영일동맹 영향으로 영국이 소유한 수에즈운하를 건너지 못하고 아프리카를 거쳐 수개월에 일본 대마도 해협까지 왔으나 일본 도고 함장이 대기하고 있다가 발틱함대를 쳐부수게 되었다. 전쟁 중에 러시아에서는 볼세비키 혁명이 일어나 빨리 전쟁을 끝내고 싶어 했고, 일본도 전쟁이 장기화되는 것을 원치 않은 상태에서 미국이 개입하게 된다. 아더 루스벨트 미국 대통령은 뉴햄프셔에 있는 포츠머스에 주요 국가대표를 불러들여 포츠머스조약을 체결하게 된다. 이때 일본이 러시아를 이길 때 먹던 약이 정로환(征露丸)이고, 러일전쟁을 승리로 이끈 도고 함장은 "충무공 이순신에 비해 본인은 보잘것없다."라는 말을 했다.

러일전쟁 전후해서 일본과 미국은 가쓰라-태프트 밀약을 통해 미국의 필리핀 점령을 인정하고 일본의 조선 점령을 인정하게 된다. 또한 영일동맹으로 영국의 인도 점령을 인정하는 등 국제 판도가 확정되게 된다. 이런 국제정세를 모르는 조선에는 아더 루스벨트의 딸이 조선을 방문할 때 최고급 대우를 해 주었으나, 그녀는 묘지의 석상 위에 올라타서 사진을 찍는 등 철없는 행위를 했고, 그의 아버지 아더 루스벨트는 러일전쟁을 중재한 공로로 노벨평화상을 받게 된다. 러일전쟁에서 승리한 일본은 사할린섬의 남쪽 지역을 얻게 되어 40년간 자기 땅으로 점령했으며 조선 이민을 추진하여 아직도 조선 출신 사할린 교포가 남아 있다. 일본패망 후 러시아와 일본은 사할린섬과 일본 홋카이도 사이의 남쿠릴열도에 대한 영토 분쟁을 계속하고 있다. 조선은 1904년 중립선언을 했으나, 1905년에 외교권이 일본으로 넘어가고, 1907년 군대 해산과 헤이그밀사 파견, 1910년 한일합방으로 이어졌다.

조선이 패망한 이유가 일본의 강제 침략이라고는 하나, 실제는 서구열강과 군국주의 확장 등의 국제정세에 따른 요인이 크다고 하겠다. 빠른 근대화를 진행한 일본이 강력한 군대를 앞세워 아시아의 맹주가 된 것은 다른 서양 강대국이 식민지쟁탈전을 한 것과 같은 양상이다. 조선은 영정조 시대에 서양의 정세를 파악했어야 했는데 눈을 뜨지 못했고, 순조 이후 세도정치로 인한 정치 퇴보와 그로 인한 백성들의 사기 저하가 결국 일본강점기 36년을 거치게 된 것이다. 임시정부나 독립군의 활동이 있었으나 민족주의와 공산주의가 통합되는가 싶으면 분열하고 세력 간 알력으로 인해 지지부진하다가, 1945년 외국 강대국의 힘으로 느닷없이 광복이 찾아오게 된 것이다. 힘으로 광복이 느닷없이 찾아오게 된 것이다.

해방 이후 북한에는 소련군이 들어오고 남한에는 미군정이 수립되었는데, 38도선을 경계로 해서 남한에는 충칭(重庆) 임시정부 요원과 이승만의 친미파가 들어서고 북한에는 중국 옌안(延安)파와 소련 김일성파가 들어섰다. 미소 간 협상을 했으나 남북 통합정부를 만들지 못하고, 결국 1948년 남과 북이 따로 정부를 만들게 되었다. 2년이 지난 1950년, 민족상잔의 비극인 6·25전쟁이 터지게 된다.

중국과 한반도의 국경을 분리하는 두만강은 1885년 청나라의 해금 정책으로 조선인이 자리를 잡으면서 살았다. 백두산 아래쪽 회령시를 중심으로 위쪽을 서간도라 부르고 두만강 일대를 북간도로 구분하고 있다. 봉오동 청산리 전투 이후 1920년 일제는 다나카 기이치는 훈춘(珲春)사건을 일으키는데, 이 사건은 마적단을 매수하여 일본인을 죽이고 중국의 소행이라고 주장하여 일본은 군대를 파병하였고, 우리 동포 수천 명을 학살하는 경신참변을 일으킨다.

훈춘(珲春)사건을 일으킨 다나카가 1922년 3월 22일 필리핀에서 상하이(上海) 황포강 해관 부두에 도착한다는 소식을 들은 의열단 김익상, 오성륜, 이종암이 그를 암살하기로 모의한다. 김익상의 총격에 영국 부인이 맞아 숨지고, 폭탄은 터지지 않았다. 상하이(上海) 황포탄의거는 실패하고 오성륜은 탈옥하여 홍콩으로 가고 그곳에서 김산을 만났다고 한다. 원로가수 김정구의 〈눈물 젖은 두만강〉이라는 국민 애창곡은 김정구의 형이 친구인 박헌영과 그의 부인 주세죽이 일본 경찰을 피해 두만강을 건너는 뒷모습을 보며 만든 곡이라고 알려졌다. 이처럼 두만강은 조선인의 애환이 서린 곳이기도 하다. 두만강은 강폭이 좁아 겨울이면 두만강 빙판을 걸어서 중국으로 도망치는 탈북민이 많았으나 지금은 북한군의 경계가 심해져서 탈북민의 숫자가 많이 줄었고, 북한과 밀수를 하는 사람들이 야간에 정해진 시간에 만나서 물자를 교환하기도 한다.

▲ 두만강 한중간 다리

훈춘(琿春)에는 단동(丹东)처럼 변경무역개발구가 있어서 그곳에서 북한 노동자 1만여 명이 전기선조립, 핸드폰 부품 조립, 옷 제작 등을 하고 있다. 그들은 인당 1000불씩 북한 정부에 보내고 그중 300불이 근로자의 손에 들어간다고 한다. 내가 2009년에 두만강을 갔을 때는 노를 젓는 배를 탔으나 지금은 모터배를 타고 구경을 하고 중국과 북한 간에 다리가 있는데 바닥에 변경선이라는 글자가 쓰여 있다.

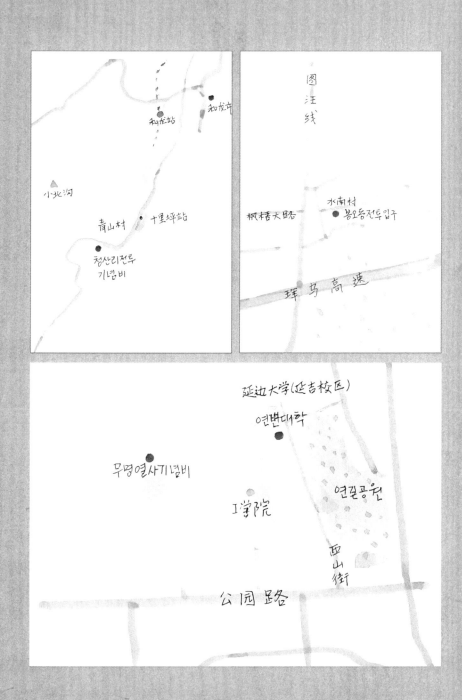

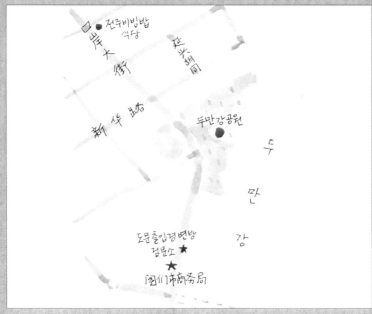

독립유적지 동행하기

[하얼빈(哈尔滨)]

하얼빈(哈尔滨)기차역의 안중근의사기념관

전 세계 제국주의 열풍과 식민지 쟁탈전이 한창인 상황에서 1900년 의화단(义和团) 사건을 진압하기 위해 러시아는 극동에 군대를 파병하고, 하얼빈(哈尔滨)까지 내려와서 복귀하지 않는 상태임에 따라 이토 히로부미는 조선을 39도선으로 분리 점령 하자는 제안을 하였으나 러시아가 거절하였다. 이 때문에 1904 년 러일전쟁이 일어나고 일본승리로 전쟁이 끝났고, 하얼빈(哈 尔滨)에는 유럽인, 러시아인, 일본인, 조선인 등이 다양하게 살 고 있었다.

김구의 『백범일지』에 따르면 안중근은 부친 안태근과 함께 고향에 있을 때 김구가 동학 대장으로 총부리를 겨누었으나 안 태근이 김구를 살려주게 되고, 김구는 이때부터 안중근과 그의 동생 안공근을 알게 되었고, 안공근과는 임시정부에서 함께 지 내게 된다. 안중근은 상하이(上海)에 가서 민영익에게 군자금을 마련코자 하였으나 거절당하고 조선에 돌아와 독립군을 조직하 였다. 안중근은 백두산 일대에서 일본군과의 전투에서 패배하 여 독립군 대원들을 이끌고 연해주로 이동하였는데, 이때 단지 회를 결성하여 왼손 무명지를 절단하고 대한독립이라는 혈서를 썼다고 한다.

▲ 하얼빈 안중근의사기념관

1909년 이토 히로부미가 하얼빈(哈尔滨)에서 러시아와 협상을 위해 온다는 소식을 들은 안중근은 우덕순, 이동하와 함께 이토 암살을 준비한다. 우덕순은 차이지아코우(蔡家沟)역에서 대기하고 안중근은 하얼빈역에 대기하고 있었다. 1909년 10월 26일 이토가 기차에서 내리자 안중근은 직감적으로 그가 이토인 걸로 알고 브라우닝 권총으로 3발을 가슴, 옆구리, 배에 명중시켰고, 옆에 있던 일본 요원에게도 총을 4발 쐈다. 그리고 러시아어로 대한민국 만세인 "우레! 코레아"를 외치고 일경에 체포된다.

그는 뤼순(旅顺) 감옥에서 옥고를 치르다 사형을 언도받았고, 수감생활 중 그의 인품에 반한 교도관이 유필을 얻어서 보관하다가 후손이 한국정부에 기증하기도 하였다. 한국에 기증하기도 하였다. 일제는 사형집행 후 시신을 암매장했는데 뤼순(旅顺)에서 찾지 못해서 현재 효창공원 삼의사묘 옆에 가묘만 남아있다. 한편 우덕순은 3년의 수감생활을 하고 풀려나서 밀정으로 활동을 한 것으로 알려졌다. 중국 신해혁명에 신규식과 참여한 김복으로 알려진 김규홍도 밀정으로 알려져 있는데, 그가 일본 총독부와 주고받은 편지와 일본 관리의 일기에 근거하면 우덕순은 동북지역에서 밀정으로 활동한 것으로 알려졌다. 안중근의 이토 총격 사건은 1909년 10월 26일이고 70년이 지나 김재규는 1979년 10월 26일 박정희를 총살하였는데, 같은 날짜인 것은 참으로 비극적인 우연이다. 1936년 12월 12일에 장쉐량(張学良)이 장제스(蔣介石)을 감금한 시안(西安)사변이 있었고, 1979년 12월 12일에 전두환, 노태우 등 신군부가 군사 반란을 일으킨 것을 보면 같은 날짜에 군사 반란이 일어난 것 또한 우연이라 하겠다.

하얼빈(哈尔滨)역에 있는 안중근기념관에는 쑨원(孙文), 장제스(蔣介石), 천두슈(陈独秀), 차이웬페이(蔡元培) 등 중국 주요 인물의 추모시가 있고, 텐진(天津) 각오사 회원들은 광동회관이라는 곳에서 〈안중근〉이라는 연극을 공연했다고 한다. 안중근은 하얼빈(哈尔滨) 중앙대가에 있는 옆에 있는 조린공원에서 의거를 계획했다고 하는데, 이곳에는 안중근의 왼손 무명지를 탁본한 표지석이 있다. 조린공원은 중국의 항일장군인 리쟈오린(李兆麟)을 기리는 공원인데 그는 김일성, 김책 등과 함께 소련에서 생활하였고 일본패망 후 하얼빈(哈尔滨)에서 국민당 특무대에게 암살당했다.

▲ 하얼빈 조린공원

흑룡강성의 수도인 하얼빈은 러시아, 유럽, 일본, 조선의 숨결이 묻어 있는 곳이고 특히 안중근의사기념관이 있어서 한 번은 가 봤으면 한다. 그가 쏘아 올린 총탄이 대동아평화론을 주장하는 이유였고, 그 주장이 세계의 주목을 받고 일본이 평화주의로 전환하는 계기가 되었다면 좋았겠지만, 일본은 제국주의 강화로 결국 1945년 패망하면서 인류에 대한 악행을 저질렀다. 그런 일본은 한 세대가 가기 전에 사죄해야 할 것이다.

허형식의 동북항일연군기념관

동북지역은 외교나 실력양성보다는 무력투쟁을 하였던 곳이고, 조선 이민자가 많다 보니 조선인의 참전이 많았고, 그중 허형식, 김일성, 양세봉 등이 알려진 인물이다. 만주무장투쟁은 신민부, 참의부, 정의부로 나뉘어 있었는데 내부 갈등이 있어서 이

▲ 동북항일연군활동지 사진

독립유적지 동행하기

후 국민부로 통합된다. 허형식은 의병대장이었던 왕산 허위가 그의 작은 할아버지고,「광야」를 쓴 이육사가 그의 사촌동생이었다. 허위가 가르친 제자 중에는 대한광복회 총사령관 박상진이 있다. 1942년 허형식은 중국공산당의 지시에 따라 소련으로 피신하라는 명령을 듣지 않고 끝까지 일본군과 싸우다 전사한다. 서울에 있는 왕산로는 허위의 호를 따서 만든 도로명이다.

허형식과 대비되는 인물로 두 명이 있다. 동북항일연군 출신으로 공산당 명령에 따라 소련으로 피신하여 일본 패망 후 북한의 권력자가 된 김일성이다. 허형식의 고향인 구미시에는 박정희란 인물이 동시대를 살았다. 박정희는 대구사범 졸업하고 교사를 하다가 장춘(長春)에 있는 만주군관학교를 우수한 성적으로 졸업하고 다시 일본육사를 편입하여 졸업하였다. 이후 만주에서 만주특설대 소속으로 독립운동가를 잡아들이는 일을 하였고, 그의 딸이 박근혜다.

▲ 동작동국립묘지 양세봉 묘비

1920년대 동북에서는 봉오동, 청산리 전투에서 김좌진, 홍범도 장군이 승리한 후 일제를 피해 러시아 자유시에 갔으나, 그곳에서 고려공산당 내 상하이파와 이르쿠츠파 간의 갈등으로 동족 간 총격이 있었다. 이에 실망한 민족주의 계열을 이끌어 준 인물이 양세봉이고, 공산당계열은 흩어져 있다가 이후 동북항일연군으로 명맥을 이어가게 된다. 당시 그는 국민부 소속의 조선혁명군 부사령관이었다. 그는 일본 밀정에 의해 살해당하고, 한국뿐만 아니라 북한에서도 국립묘지에 묘비가 있고, 중국 푸순시 신빈현(新宾县)에는 그의 동상이 있다.

류자명도 남한, 북한, 중국에서 훈장을 받으신 분이다. 김일성의 아버지 김형직이 양세봉과 의형제였다고 하니, 손정도와도 인연이 있다.

남자현 의사의 마다얼(马达尔)호텔

하얼빈(哈尔滨)시의 가장 큰 번화가는 성소피아성당과 중앙대가로 이어지는 도로인데 그곳에는 마다얼(马达尔)호텔, 영어로 모던호텔이 있다. 918사변 이후 중국은 영국에 본사가 있는 국제연맹에 일본의 대륙침탈을 조사해달라는 요구를 하였고, 리튼 경 일행이 하얼빈(哈尔滨) 마다얼호텔에 숙박할 때 남자현은 그들에게 청원서를 전달하려다가 일경에 붙잡혀 수감생활을 하게 되었고, 이후 후유증으로 사망에 이르게 된다. 영화 〈암살〉에서 전지현이 연기한 안옥윤은 남자현을 모티브로 해서 만든

▲ 하얼빈 마다얼호텔

배역으로 알려져 있고 그녀의 묘는 현재 동작동국립묘지에 안장되어 있다.

상하이(上海)로 건너간 리튼 경은 허핑(和平)호텔에서 일본을 지지하는 발언을 하게 되고 당시 상하이(上海)에 있던 한인애국단, 남화연맹 등에서 그를 암살하려고 하였으나 일경에 암살계획이 발각되어 김구의 한인애국단 단원들이 일경에 체포되게 된다.

1932년 4월 29일 천장절행사를 홍코우(虹口)공원에서 거행한다는 소식을 들은 김구는 고민에 잠겼다. 한인애국단의 요원들은 리튼 경 암살계획으로 체포되어 의거를 실행할 인원이 없고, 또한 어렵게 찾은 요원도 한국으로 귀국했기 때문이다. 김구는 예전에 한국인 사장이 운영하는 가발공장에서 임금인상 시위를 일으켜 해고된 후 홍코우(虹口)공원 근처에서 채소 장사를 하는 윤봉길에게 찾아 거사 의향을 물었다. 그가 폭탄을 던지겠다고 하여, 의거 3일 전에 안공근의 집에서 사진을 찍고 한국애국단 요원으로 홍코우(虹口)의거를 거행하게 된다.

▲ 동작동국립묘지 남자현 묘비

독립유적지 동행하기

인간마루타 731부대기념관

관동군 731부대는 무기가 아닌 세균으로 많은 살상을 통해 전쟁을 짧은 시간 내에 끝내기 위해 세균을 연구하는 곳으로 마루타로 알려진 생체실험 장소인데 하얼빈(哈尔濱)에 있는 731부대는 규모가 가장 크고 연구 인원이 많았던 곳이다. 그들은 살아있는 사람에게 세균을 주입하거나 추위에 견딜 수 있는 인간의 한계를 직접 시험하면서 그 기록을 통해 보다 효과적인 살상을 연구하였다. 기념관에는 생체실험에 사용한 도구와 수술 장소 등이 남아 있고, 특히 화장터와 굴뚝이 남아 있어 섬뜩함을 느끼게 된다. 근처는 도시개발로 아파트가 들어섰고 바로 옆에는 중학교가 있어 불안하지만, 한편으로는 이런 역사도 숨기거나 폐쇄하지 않고 남기고 기억하게 한다는 점은 유의할 만하다.

윤동주 시인은 하얼빈(哈尔濱)이 아닌 일본에서 생체실험을 당했고 일본은 하얼빈 인근 농안(农安)시의 농촌 마을에 페스트 균을 뿌리고 실제 실험을 했다고 한다. 일본패망 후 미국은 생체실험 자료를 넘기는 조건으로 일본의 전쟁 배상을 낮춰줬다고 하니 인류에 악행을 저지를 일본이나 이를 협상에 이용한 미국은 반성해야 할 것이다.

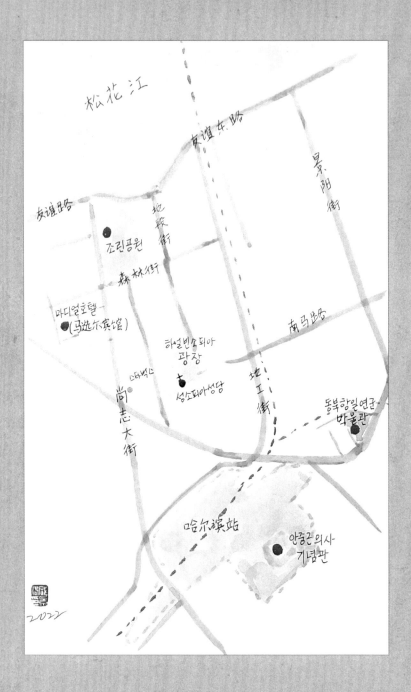

독립유적지 동행하기

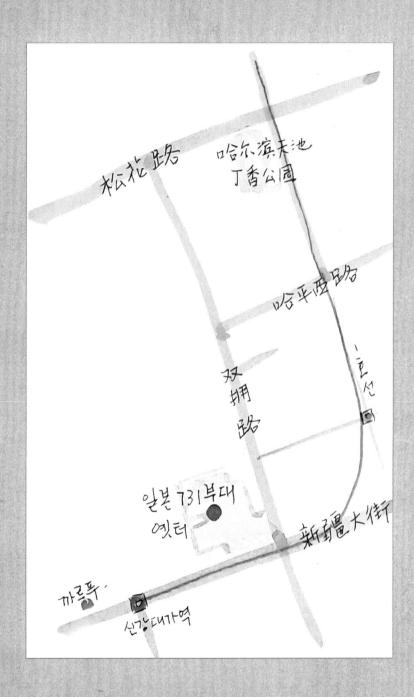

중국

우수리스크

4장

연해주 지역

신한촌
블라디보스토크

춘
포시에트

크라스노예셀로

진

표트르대제만

연해주 소개

1859년 2차 아편전쟁은 영프 연합국과 청나라와의 전쟁으로, 연합군이 텐진(天津)에서 베이징(北京)까지 진출하여 원명원(圓明園)을 불태웠을 때 함풍제(咸丰帝)는 열하(热河)로 피난을 간 상태임에 따라 청나라의 상황은 급해졌다. 남하정책을 펼치고 있는 러시아가 전쟁을 중재하는 조건으로 청나라를 설득하여 지금의 연해주 지역을 무력이나 돈을 쓰지 않고 손쉽게 넘겨받게 되었다.

그때부터 러시아는 겨울에도 얼지 않는 부동항 블라디보스토크을 점령하면서 유럽이 아닌 극동 쪽으로 세력을 넓히는 계기가 되었다. 조선 쇠락으로 조선 이민자들이 연해주에 늘어나자 고려인 마을인 신한촌이 생기고 이곳을 중심으로 대한국민의회와 같은 임시정부도 생겼다. 또한 대륙 간 횡단철도가 부설되어 모스크바까지 갈 수 있는 출발역이 되었다. 이곳에는 안중근을 지원했던 최재형과 헤이그 밀사의 이상설이 활동한 지역이 있다.

▲ 블라디보스토크 영원의 불꽃을 방문한 김정은 조화

2019년 노동절 연휴에 직장 상사와 둘이서 3박 5일 일정으로 중국인 단체관광객에 끼어 관광버스를 타고 육로로 블라디보스 토크에 갔다. 장춘에서 훈춘까지 기차로 이동하고 훈춘에서 블라디보스토크까지 8번의 검문 검색과 출국장, 입국장을 통과해야 했고, 국경을 넘어서는 러시아 버스로 갈아탄 지 9시간 만에 도착하였다. 중국인이 가장 많고 한국인, 일본인,유럽인 등 많은 관광객이 있었고 내가 블라디보스토크에 가기 며칠 전에 북한 김정은이 방문하여 헌화하였다고 한다. 중국으로 돌아오는 버스 에서 북한 중학생을 만나서 이야기를 나눈 것이 기억에 남는다.

[우수리스크]

최재형 고택

　최재형은 노비인 아버지와 기생인 어머니 사이에서 태어났고, 집안 형편이 어려워 할아버지, 부모님과 함께 연해주로 이주하였다. 그는 11살에 가출하여 러시아 상선을 타게 되었고, 블라디보스토크에서 인도양, 대서양을 건너 상테페테부르크를 오가면서 러시아말을 배웠고 많은 러시아사람을 알게 되었다. 또한 러시아군대에 식자재를 납품하면서 큰돈을 벌 수 있었다. 당시 러시아 영사였던 이범윤과 함께 한일합방의 부당성을 러시아 정부에 알렸고 안중근의 하얼빈(哈尔濱) 의거에 필요한 경비를 모두 부담하였다고 한다. 이후 연해주에 설립한 권업회를 이끌었고 1919년 대한민국임시정부를 구성하는 주체 중의 하나인 연해주 대한국민회의를 이동휘, 김립 등과 같이 만들었다. 대한민국임시정부에서는 이동휘가 군사부장, 최재형은 재정부장으로 선임되었다. 러시아 내전 중 적군과 조선인이 러시아 백군과 일본군을 죽이는 사건이 발생하였고 최재형은 러시아 적군을 지원한 것을 문제 삼아 일본군에 의해 총살당하게 된다. 이동휘도 블라디보스토크의 조선인 거주지인 신한촌에서 서거하였다.

▲ 우수리스크 최재형 고택   ▲ 블라디보스톡 조선인 거주지 신한촌

간도가 아닌 연해주에 이민 온 조선인을 위해 본인의 사재를 털어서 한인들을 지원하였으나, 그 시절 이념싸움에 희생되었던 그는 후세가 잘되길 바랐을 터인데 또다시 스탈린의 강제이주정책으로 중앙아시아로 이주하는 고통을 받았으니 사후에도 연해주는 조선인에게는 슬픔이 많은 땅이었다.

이상설 유허지

이상설은 옌지(延吉)에서 조선 학생들에게 민족교육을 시키기 위해 1906년 서전서숙이라는 학교를 만들고 이후 연해주로 옮겨 정착하게 된다. 1907년 네덜란드 헤이그에서 만국평화회의를 열린다는 소식에 고종은 중화전에서 일본 유학파인 이준을 불러 밀사 파견을 명하였고, 선교사인 헐버트는 일본으로 보내서 일본의 눈을 피하고자 했다. 이준은 부산항에서 블라디보스토크로 가서 이상설과 함께 대륙횡단열차를 타고 헤이그에 갔고, 러시아 공사였던 이범윤의 아들인 이위종을 만나 헤이그에서 열린 만국평화회의장에 갔으나, 일본의 방해로 입장하지 못한다. 이준은 자결하여 네덜란드에 묻히게 되고, 이위종은 소련군으로 입대하였고, 이상설은 연해주로 돌아오게 된다. 그는 연해주 한인끼리의 싸움에 연루되기도 하였으며, 1911년 우수

▲ 우수리스크 이상설 유허비

리스크에서 생을 마감하여 라즈돌노야강에 유골을 뿌려서 이곳에 유허비가 있다.

1905년 러일전쟁에서 일본이 승리하여 조선의 앞날은 풍전등화였는데, 1907년 만국평화회의에 헤이그 특사를 파견한 사실을 알게 된 일본은 이를 빌미로 고종을 폐위한 후 순종을 즉위시키고 1910년에 한일합방으로 조선을 지배하게 된다. 12년 후인 1919년에도 김규식 일행이 파리강화회의가 열린 베르사유궁전에 들어가려고 했으나 서방 세력들이 조선의 특사를 인정하지 않고, 일본의 방해로 결국 회의장에 입장하지 못한 것은 데자뷔 같다.

고려인 박물관

　우수리스크에 가면 꼭 가봐야 할 곳이 고려인박물관이다. 이 곳에는 조선이민사와 함께 많은 독립운동가가 거쳐 간 흔적이 남아 있다. 1937년 중일전쟁 발발 후 스탈린은 조선인이 일본 첩자 역할을 할 수 있다는 이유로 연해주에 사는 조선인을 중앙 아시아로 강제이주시켰다. 그러나 사실은 그런 정치적 목적이 아닌 경제적 목적 때문에 강제이주를 시킨 것이다. 척박한 볼모 지였던 만주와 연해주에서 쌀농사를 성공한 조선인이기 때문에 중앙아시아 땅을 개척하기 위해 강제이주시킨 것이다. 중앙아 시아에는 고려인이라는 이름으로 살아가는 우리 민족 4세대 후 손들이 있고, 그분들 중에는 홍범도, 이청천의 후손도 있다. 연 해주와 사할린에는 아직도 일제 치하의 상처가 남아 있고 한국 정부에서는 그들을 위한 정착촌을 한국에 만들어 주어 살아가 게 하고 있다.

▲ 우수리스크 고려인 박물관

독립유적지 동행하기

5장

상하이 지역

상하이 소개

상하이(上海)라는 지명은 배를 타고 해상으로 나아간다는 뜻
인데 진취적이고 역동적인 의미로 해석할 수 있다. 아편전쟁의
영향으로 강제 개항된 시골 어촌마을에 외국 열강의 근대문물
이 들어오고, 은행과 무역을 하기 위해 서양사람들이 자리를 잡
고, 그들로부터 돈을 벌기 위해 사람들이 모이게 되면서 도시는
확장되었다.

일본도 상하이에 영사관을 세우고 경찰을 주둔시키면서 여
러 이권을 챙기고, 서양과 소통하면서 국제정세의 동향을 파악
하게 된다. 조선에서도 버스차장, 인삼 장수, 기자, 유학생 등이
상하이(上海)에 모였고, 임시정부가 수립되면서 독립운동가들이
살았으며 동시에 밀정도 들어오게 된다. 임시정부 요인을 비롯
한 많은 조선인은 프랑스 조계지에 모여 살았고, 일본 조계지에
는 밀정과 상인들이 살고 있었는데, 윤봉길 의사 의거 이후 임
시정부 요인은 상하이를 떠나고 1933년 남화연맹의 육삼정(六

三亭) 의거가 있었지만, 상하이는 친일파가 득세하는 지역이 되었다.1930년대 영화황제 김염이 활동하였으며 같은 영화사의 유명 여배우들의 고택이 남아 있다. 또한 임시정부뿐만 아니라 아나키스트와 의열단도 상하이에서 활동하였으며 학생을 가르치기 위해 인성학교를 운영하였는데 지금의 상해한국학교의 전신이기도 하다.

동양의 파리로 불리는 상하이는 은행과 금융의 도시였는데, 고종의 비자금을 비롯한 한국노병회 예금, 민영익의 자금 등이 덕화은행, 일야은행, 회풍은행 등에 보관되어 있었다고 하는데 100년이 지나버린 돈이지만, 우리 세대에 찾아내서 대한민국을 위해 사용해야 할 자금이다. 국고에 넣어야 할 귀중한 돈이다.

[상하이(上海)]

대한민국임시정부

임시정부는 상하이(上海)의 임시정부, 서울의 한성정부, 연해주의 대한국민의회을 비롯한 지린(吉林)의 고려임시정부, 평양의 신한민국임시정부 등 8개가 있었으나, 조건을 갖추고 대표성을 갖춘 곳은 상하이임시정부, 한성정부, 대한국민의회밖에 없었다. 1919년 4월 11일은 대한민국이라는 국호를 만들고 임시정부 조직을 만든 날이고 한국, 연해주, 동북, 베이징(北京) 등에서 많은 인물이 참석한 가운데 임시헌장을 발표하면서 상하이 시대가 오게 된다. 임시정부는 정부 조직과 인사를 발표하고, 독립신문도 발행하였다. 대한민국임시정부는 외국과의 외교활동을 할 수 있다는 대표성을 알리는 공문도 보내고, 인구세를 거둬들이고, 국채도 발행하고, 교육기관도 만들고, 군대도 만드는 등 하나의 정부 조직으로서 모습을 갖추게 된다.

임시정부 수립 직전 파리강화회의에 대표단을 보내게 된다. 1919년 3월부터 6월까지 파리에서 약소국의 민족자결주의를 주장할 수 있는 기회를 갖고자 대표성이 있는 정부 조직이 필요했고, 동제사를 이끌던 여운형, 박은식, 신규식, 서병호가 신한청년단을 만들어 대표로 김규식을 파리에 보내게 되었다. 여운홍과 조소항 등이 파리에 합류했지만 승전국인 일본의 방해로 뜻을 이루지 못하고, 김규식은 미국으로 가게 된다.

김원봉은 승전국 회의에서 외교적인 독립을 허락받기 어렵다고 생각하여 임시정부의 대표가 아닌 상태에서 일본 대표인 사이온 긴모치를 처단하기 위해 김탕에게 권총을 구해 파리로 보낸다. 김규식은 갑자기 나타난 김탕의 가방 속에 보관된 권총을 숨기고, 큰 대사를 그르칠 수 있음을 설득하여 김탕은 계획을 포기한다.

파리강화회의에서 중국대표단은 중국인들이 유럽 군수공장에서 일을 했으므로 승전국이라는 논리를 펼쳤다. 동시에 위안스카이(袁世凱)가 일본과 맺은 21개 조항을 파기하려고 했으나 강대국은 인정하지 않았다. 결국 중국대표단은 회의록에 서명을 하지 않고 귀국하게 되었고, 54운동으로 일본의 칭다오(青島) 점유는 실패하게 된다. 이후 조소항은 1919년 8월 스위스로 이동하여 루체른 국제사회주의자대회에서 조선사회당 대표로 참가하였고, 회의에서 조선독립결의서가 만장일치로 체결되었는데 이는 국제사회에서 최초로 조선 독립을 인정하게 되는 사건이다.

임시정부 대통령으로 선임된 이승만은 1920년 12월에 상하이(上海)에 와서 1921년 5월에 미국으로 돌아가고, 고려공산당 이동휘와 김립이 레닌 자금을 임시정부에 내놓지 않고 공산당 활동으로 사용하고, 재미교포의 채권 역시 이승만계가 사용하여 자금에 대한 내부 갈등이 첨예하였고 요인끼리도 지역별, 종교별로 당파가 나뉘어 임시정부는 쪼개지기 시작하였다. 당시 동북에서는 봉오동, 청산리전투 승리로 무력투쟁이 한창이었으나 상하이에서는 이승만이 미국에 대신 통치를 원한다는 공문이 발견된다. 신채호는 "이완용은 있는 나라를 팔아먹었으나, 이승만은 없는 나라를 팔았다."라는 불만을 표시하고 임시정부를 떠나는 등 내홍이 그치지 않았다.

1921년 여운형, 손정도, 김구, 김인전 등이 한국노병회를 만들어 10년 이내 1만 명의 군인을 양성하고, 100만 원의 군자금을 마련하자고 했으나 큰 효과를 보지 못하고 대세계(大世界)에 있는 일야(日夜)은행에 2,000불을 보관했는데 1931년 일야(日夜)은행은 폐업하면서 그 돈은 역사 속으로 사라져 버렸다.

1923년 1월부터 임시정부의 역할과 존폐에 대한 협의를 위해 안창호가 2년의 준비를 통해 상하이 삼일당에서 한국 13도 대표와 직종 대표와 중국, 미국, 멕시코, 연해주, 러시아 등에서 온 지역대표 등 130여 명이 모여서 국민대표회의를 개최하였다. 그들은 개화파, 창조파, 유지파로 나뉘어 5개월 동안 60여 차례 회의를 했다. 결국 창조파가 표결에서 이겼으나, 다른 당파들이 임시정부를 탈퇴하고 각자의 길로 가버리고, 결국 1923년 6월에 내무총장 김구 명의로 해산을 선언하게 되었다.

회의에 참석했던 고려공산당 김철수와 애국부인회 대표로 상하이에 있던 김마리아는 이때 처음 만나게 되고 안창호가 둘의 혼담을 진행했으나, 김철수는 부인이 한국에 있고 김마리아와 같은 호걸 여인이 본인의 첩이 될 수는 없다면서 결혼을 거부하게 된다. 안창호는 김필순과 의형제이고, 김마리아는 김필순, 김순애, 김규식, 서병호의 조카다. 안창호의 아들 이름이 안필립인데 필립은 김필순의 세례명이었다. 안필립은 미국에서 영화배우였고 김필순의 아들 김염은 중국에서 영화배우였으니 두 인물은 아들까지도 같은 직업인 인연이었다.

1923년 9월 1일 일본에서 관동대지진이 발생하였고, 일본은 혼란한 사회 분위기를 전환시키고자 "조선인이 우물에 독을 탔고, 탈옥하여 약탈을 한다."라는 유언비어를 날조한다. 일본 경찰은 자경단을 만들어 조선인을 학살하였는데, 당시 임시정부에서 운영한 독립신문 일본파견 기자가 조사를 하였다. 독립신문에는 6,651명으로 독일신문에는 2만에서 3만 명으로 사망자 수를 보도한다.

유언비어를 만든 사람은 미즈노 렌타로라는 내무대신인데 당시 경찰 홍보부에 있는 쇼리키 마스타로에게 내용을 전달하고 기자들이 그의 말을 신문에 발표하게 된 것이다. 미즈노 렌타로는 1919년 9월 강우규 의사가 서울역에 도착한 신임 조선총독부 총독 사이토에게 폭탄을 던졌을 때 부상을 당한 인물로 조선인에 대한 증오를 가지고 있었는데, 지진으로 인한 사회적 혼란을 조선인의 악행으로 태세 전환을 하고자 했던 것이다. 경찰이었던 쇼리키 마스타로는 일본야구의 아버지로 알려졌고 요미우리 자이언트 구단을 만들었고 선동열 선수 등이 뛰었던 구단이다. 강우규 의사 동상은 서울역에 설치되어 있고 일본은 9월 1일을 방재의 날로 지정하고 있다.

이후 임시정부는 정부의 기능을 하지 못하고 상하이교민회

성격으로 명맥을 이어오다 1925년 이승만을 탄핵하고, 박은식을 임시 대통령으로 선임한 후, 김구 주석체제로 접어들면서 독립운동의 새로운 길을 모색하게 된다. 임시정부에서 1932년 1월 이봉창 의사의 '일왕폭탄투척사건'과 4월 윤봉길 의사의 '홍코우(虹口)공원 의거'를 일으켰으며 상하이를 떠나 지아씽(嘉興), 난징(南京), 쩐쟝(镇江), 항저우(杭州), 창사(长沙), 광저우(广州), 류저우(柳州)로 피신을 다녔다. 피신하는 동안 공산주의 계열과의 통합과 분열이 계속되다가 1940년 국민당 정부가 있는 충칭(重庆)에 있다가 일본패망을 맞게 된다.

이봉창은 한국에서 일본인의 차별을 느끼고 주색에 빠져 생활하던 중 일본으로 이주해서 생활하였고 어느 날 히로히토 천황 즉위식을 보게 되었는데 일본 경찰의 검문에서 한글이 적힌 있는 종이가 나와서 교도소에 가게 되었다. 이후 1930년에 상하이임시정부가 프랑스 조계지에 있어서 비교적 자유롭다는 말을 듣고 상하이로 와서 임시정부의 김구를 만나게 된다. 김구는 일본말과 행동에 익숙한 그를 보고 일본의 첩자로 생각했으나 그가 상하이에 온 이유에 대해 "인생의 목적이 쾌락이라면 지난 31년 동안 육신의 쾌락을 맛보았으니 영원한 쾌락을 위해 독립운동에 헌신하겠다."라는 말을 듣고 일본 천왕 폭탄 투척을 계획하였고 임시정부 내 무장조직인 한인애국단 1호 인물로 가입시킨다.

▲ 한인애국단 숙소 자리

이봉창 의사의 의거를 위해 김홍일 장군이 폭탄을 제조하여 김구에게 건넸고, 비서였던 이화림이 그의 팬티에 폭탄을 담을 수 있게 개조하여 일본으로 무사히 건너갔다. 그는 일왕과 푸이(溥仪)가 참석한 열병식에는 가지 못하고 일왕이 복귀하는 도쿄 경시청 앞에서 일행이 탄 마차에 폭탄을 던졌으나 불발되고 일경에 잡히게 된다. 중국 신문에는 "폭탄이 아깝게 명중하지 못했다."라는 기사가 났고, 이에 분개한 일본은 1932년 1월 28일에 상하이사변을 일으켰다. 이봉창의 의거를 통해 만보산(万宝山) 사건으로 갈라섰던 한중관계가 우호적으로 전환되었고, 이후 윤봉길의 홍코우(虹口) 의거로 국민당 정부는 한국의 독립운동을 지원하게 된다.

민족주의 계열은 군대가 없었고 지역 간 종교 간 갈등이 지속됨에 따라 큰 역할을 못 한 반면, 이동휘의 사회주의 계열은 임시정부에서 탈퇴한 후 중국공산당, 소련공산당과 함께 독립운동을 전개한다. 황포군관학교는 1차 국공합작의 결과로 운영되는 학교임에 따라 김원봉을 중심으로 한 무장투쟁 계열은 황포군관학교에서 만난 동지들이 후에 국민당에도 있고 공산당에 있어 두 곳 모두에게 지원을 받게 된다. 사회주의 계열은 난징(南京) 조선혁명정치군사학교를 세우고 우한(武汉)에 조선의용대를 만들고 태항산(太行山)에서 전투를 하는 등 중국에서 무력투쟁을 활발히 전개하였다.

신텐디(新天地)에 있는 임시정부 건물은 1개 동만 사용했으나 현재 전시실을 만들기 위해 옆 건물을 사서 2개 동을 운영하고 있으며, 1925년부터 1932년까지 사용한 건물인데 최초건물이 아닌 5번째 건물로써 이전 건물은 찾지 못하거나 빌딩이 들어선 상태이다. 신텐디의 임시정부 건물은 많은 한국인이 찾고 있고 기부금을 내고 있으며 입장 수입은 중국 정부에서 관리하고 있다고 한다.

김구의 집은 공산당일대회지 근처이자 신텐디(新天地) 카페 촌에 있는 동상 옆에 위치해 있다. 그곳에서 부인 최준례 여사는 둘째 아들 김신을 출산하고 계단에서 미끄러져 부상을 입었고 정정화 여사가 병간호를 하였으나 끝내 세상을 떠난다. 어머니 곽낙원 여사가 아이들을 데리고 한국에 갔다가 임시정부가 지아씽(嘉兴)에 있을 때 다시 중국 웨이하이(威海)를 거쳐 임시정부와 함께하였고 1939년 충칭(重庆)에서 82세로 생을 마감한다. 이렇듯 상해에 있는 대한민국임시정부는 대표성이 있었지만,

내홍에 쌓여 제대로 정부 기능을 못한 것은 참 아쉬운 부분이다. 100년이 지난 지금 상해 교민사회가 가끔씩 단합하지 못하고 흩어지는 모습을 보게 될 때마다 '왜 세대가 흘러도 이럴까?' 하는 안타까운 마음이 든다.

상해한국학교의 시작, 인성학교 자리

상하이(上海)에 거주하는 학생을 교육하기 위해 1916년에 인성학교가 설립되었고, 김인전, 여운형 등이 교장으로 있었다. 최근에 찾아낸 삼일중학교 터도 인근에 있어서 당시 신텐디(新天地) 근처가 프랑스 조계지임에 따라 가장 안전한 곳이었다는 것을 알려 준다. 인성학교는 현재 지하철역이 있는 소호 건물 자리이고, 삼일중학교는 이봉창, 윤봉길 의사가 한인애국단에 가입하고 사진을 찍었던 안공근의 집 근처에 있다. 임시정부를 항주로 떠난 후 일제의 감시와 압력이 심해져서 1935년에 학교는 폐교된다. 상하이 유학생들은 동제(同济)대학을 많이 다녔는데 김염의 사촌 형이자 독립운동가였던 서재현도 동제대학에 다녔다.

홍코우(虹口)공원이 있는 일본 조계지에도 일본 학교나 외국 학교가 많았고 그곳에는 친일파와 상업에 종사하여 비교적 부유한 조선인이 살고 있었다. 김구가 처음 임시정부에서 맡은 직무가 경무국장이어서 일본 조계지에서 넘어오는 밀정과 일본인을 관리하고 필요시 암살하는 역할을 했다. 대표적인 사건으로는 그의 부하였던 오면직, 노종균을 시켜 공산주의자 김립을 처단한 사건이 있었다.

1992년 한중수교 이후 상하이 교민이 많아지고 중국학교에 다니는 학생의 학부모 요청이 많아짐에 따라 이를 해소하기 위해 한인학교 설립이 필요해졌다. 현재 상해한국학교는 1999년 9월 치바오(七宝)에 건물을

▲ 상해 한국학교 금호음악당

빌려 개교식을 하였고, 2001년에 초등 1회, 2003년에 중학 1회, 2005년에 고등 1회 졸업생을 배출하였다. 학생 수가 계속 증가함에 따라 2004년 말에 토지를 매입하고 2005년 기공식을 거쳐 2006년 8월 2학기 새로 지어진 체육관에서 개학식을 하고, 11월에 준공식을 갖게 되었다. 금호그룹에서 15만 달러를 기부하였고, 기부의 표시로 음악당을 금호음악당이라고 명명하였다. 그 외에도 여러 기업과 단체, 동문회, 학부모 등이 기금 마련에 동참하였다. 이렇듯 상하이에 있는 학생들은 인성학교의 후예로서 세계를 품는 인재로 커나가고 있다.

중국공산당 일대회지

　1차 세계대전이 한창인 1914년, 러시아에서 레닌이 도시노동자와 함께 볼셰비키 혁명을 일으켜 정권을 잡게 된다. 이때 코민테른이라는 제3세계 국가들의 공산화를 추진하게 되고, 1차 세계대전 전후 유럽에 화공(华工)으로 갔던 덩샤오핑(邓小平), 저우라이(周恩来), 장쩌민(江泽民) 등이 공산주의를 접하게 되고 공산당 지부가 결성된다. 중국에서는 베이징(北京) 쪽은 리따쟈오(李大釗), 상하이(上海) 쪽은 천두슈(陈独秀)가 주축이 되어 봉건주의 타파와 외세배척의 기치를 내걸고 점점 혁명의 분위기를 만들어갔고 외국기업에 근무하는 포공제(包公制) 노동자를 선동한 파업이 일어난다. 이때 소련의 보이틴스키가 상하이 신텐디(新天地)에 오게 되고 각 지방의 공산주의 대표 13명이 모여서 공산당 첫 번째 대회를 개최하였는데 마지막 날 일본 경찰의 추적을 피해 지아씽(嘉兴) 서호의 배 위에서 공산당강령을 발표하면서 중국공산당의 역사는 시작된다.

　임시정부 내 이동휘가 이끄는 고려공산당은 1920년에 시작되었으니 중국공산당보다 1년 빨리 성립되었으나 그 세력은 미비하였다. 1919년 파리강화회의에서 중국은 1차대전 승전국의 위치에서 위안스카이(袁世凱)가 일본과 맺은 21개 조항을 받아들이지 않고, 베이징(北京)대를 중심으로 54운동이 일어나서 일본은 독일의 권리 지역인 칭다오(青岛)를 포기하게 된다. 이런 상황하에서 1921년에 마오쩌둥(毛澤东)을 비롯한 젊은이들이 공산당을 창당하게 되고, 올해101주년이 되었다.

이후 1차 국공합작으로 1924년에는 광저우(广州)에서 국민당 제1차 전국대표대회가 개최되었고 국민당과 공산당이 잘 지냈으나, 1927년 장제스(蒋介石)가 청당운동을 벌이게 된다. 그로 인해 좌파 척결에 나서면서 국공내전이 일어나고 광저우(广州) 황포군관학교에 있던 조선인 200여 명이 중국혁명의 소용돌이에 휩싸여 죽게 된다. 1927년 8월 1일에 남창(南昌)봉기를 비롯한 여러 봉기를 일으키나 실패하고 공산당은 징강산(井冈山)에 들어가서 몇 군데 해방구 일명 소비에트를 만들었으나, 국민당군의 압박으로 1934년 대장정에 들어간다. 그후 준의(遵义)회의를 통해 그동안의 혁명 활동을 반성하고 농민을 위주로 한 공산혁명을 주장한 마오쩌둥(毛澤东)이 공산당을 이끌게 되고 1935년 1만 5천㎞ 대장정을 마치고 옌안(延安)에 자리를 잡게 된다. 남창봉기일을 기념하여 8월 1일을 건군일로 지정하였고, 톈안먼(天安门) 광장 열병식 때 정율성이 작곡한 인민해방군가가 연주되고 있다.

▲ 공산당 제1차 전국대표대회지

독립유적지 동행하기

이때 에드가 스노우는 『중국의 붉은별』이라는 글을 쓰게 되고, 그의 부인이었던 님 웨일즈는 옌안(延安)에서 김산을 만나 그의 일대기 『아리랑』을 쓰게 된다. 조선인으로는 무정이 포병대장으로 대장정에 참여하였고 옌안에서 활동하면서 쭈더(朱德)과 함께 홍군을 키워 나갔다.

신텐디(新天地)에 있는 공산당 1대회지에는 정율성의 사진이 게시되어 있었으나, 현재 새로 개관된 곳에는 1923년 원동피압박민족대회 사진 속에서 박헌영만 찾아볼 수 있다. 신텐디는 대한민국임시정부와 가까운 곳에 있으므로 한국과 중국의 당시 상황을 이해할 수 있는 곳인데 상하이(上海)에는 공산당 2대회지와 4대회지도 있다.

▲ 공산당 제1차 전국대표대회기념관 내 원동인민대표대회 사진

이후에도 국민당 정부 장제스(蔣介石)은 "일본은 피부병이고 공산당은 심장병"이라는 주장을 하면서 일본의 만주국 수립에도 아무런 조치를 취하지 않고, 오직 공산당을 섬멸하기 위해 혈안이 되어 있었다. 1936년 12월 12일에 동북 군벌인 장쉐량(張学良)과 양후청(楊虎城)이 시안(西安)에서 장제스(蔣介石)을 감금하여 시안(西安)사변을 일으켜 장제스가 공산당 섬멸이 아닌 일본을 중국 땅에서 몰아내기로 하였다. 얼마 지나지 않아 1937년 7월 7일 베이징(北京) 루코우치아오(卢沟桥) 사건으로 일본이 중국대륙 침략을 시작하자 2차 국공합작을 하게 된다. 국공합작을 했으나 공산당은 국민당군 내 작은 부대인 8로군과 신4군이라는 이름으로 전투에 참여하였다.

공산당은 일본과의 전투에 임하면서도 인민들에게 그들의 이념을 전파하는 데 심혈을 기울이게 된다. 10%는 일본과의 전투에 임하고, 20%는 국민당군을 홍군에 가입시키고, 70%는 인민들에게 공산당을 홍보하는 일을 했다고 한다. 이후 일본이 패망하고, 공산당과 국민당 간 해방전쟁에서 공산당이 승리하여 1949년 10월 1일 중화인민공화국이 탄생한다. 그래서 중국은 당이 먼저 생기고 군대가 생기고 이후에 국가가 생김에 따라 중국은 공산당이 움직이는 나라가 되었다.

이런 중국에 사는 우리는 항상 경계하고 주의해야 할 것이 한국과 배치되는 이념일 수 있다. 자유로운 것과 방종하는 것이

다름을 알아야 하고, 공산당의 지침을 따르는 중국 국민의 습관과 생각을 잘 읽어야 할 것 같다. 틀림이 아닌 다름으로 접근하고 이해해야 한다.

독립운동 작전 모의한 푸씽(复兴)공원

푸씽(复兴)공원은 임시정부에서 가까워서 정부요인들이 공원을 거닐면서 독립운동의 방책을 협의하던 곳이다. 공원 내에는 마르크스와 엥겔스의 동상이 있고 주변에는 중국근현대사의 주역들인 장제스(蔣介石), 장쉐량(张学良), 저우라이(周恩来)의 고택이 남아 있다.

난징루(南京路) 주변의 유적지

신텐디(新天地)에서 난징루(南京路) 쪽으로 가다보면 팔선교 YMCA건물이 있다. 이곳은 상하이(上海) 교민들이 자주 회합한 장소이기도 하고, 홍코우(虹口) 의거 전날 김구과 윤봉길이 저녁 식사를 했다고 한다.

YMCA 옆 건물은 대세계(大世界)라는 쇼핑몰이 있는데 이곳은 상하이(上海)의 아편왕 황진룽(黃金荣)이 소유한 도박장이 있었다. 맞은편에 있는 인민공원은 경마장이 있던 자리였고, 옆의

▲ 팔선교YMCA건물

푸저우루(福州路)는 매춘부로 가득 찼던 홍등가였다. 1920년대부터 신텐디(新天地)와 멀지 않은 곳에 도박과 경마와 매춘이 활성화되고 치외법권을 누리는 외국인들도 많았고 영화사업도 발전하는 등 그야말로 상하이는 유희와 환락과 돈의 도시였다.

지금의 흑사회는 당시에 청방(青帮)이라고 불렸고 황진롱(黃金荣), 뚜위에셩(杜月笙), 장쑤린(张苏林) 3인방이 마약, 도박뿐만 아니라 은행까지 쥐락펴락했고 그들이 운영했던 회사가 지금도 곳곳에 남아 있다. 청방이 상하이 지하세계를 움직일 때 황진롱(黃金荣)은 재물을 탐하고, 뚜위에셩(杜月笙)은 일처리를 잘하고, 장쑤린(张苏林)은 사람을 잘 때렸다고 한다. 또한 황진롱(黃金荣)은 일본에 협력하지 않았고 뚜위에셩(杜月笙)은 1932년과 1937년 상하이가 일본에 침략당했을 때 국민당 정부에 막대한 자금을 지원하였으나 장쑤린(张苏林)은 일본과 협력하다 자신의 부하에게 암살당한다.

황진롱(黃金荣)에게는 린꾸이성(林桂生)이라는 부인이 있었다. 20대에 기방을 연 그녀는 미모와 언변이 좋아 황진롱이 구애하여 결혼을 하였는데, 청방이 큰돈을 버는 일은 대부분 그녀가 벌인 사업이었다고 한다. 그녀는 청방을 키우기 위해 부하들을 모았는데 이때 뚜위에성(杜月笙)이 그녀의 눈에 띄어 총기밀수나 아편판매 등의 큰돈이 되는 위험한 일을 맡게 되었다. 황진롱은 노란춘(路兰春)이라는 여배우에게 빠져서 린꾸이성에게 이혼을 요구하였고 그녀는 흑사회에 크게 실망하여 황진롱을 떠나 조용히 지내다가 1981년 104세의 나이로 세상을 떠나게 된다. 한편 노란춘은 황진롱의 토지권리증, 채권, 금궤 등을 가지고 사라졌고 부하인 두월생이 이미 떠난 여자를 잡지 말라고 황진롱을 설득시켰고, 이때 자신이 살던 계림공원에 600그루의 계수(桂樹)나무를 심어 린꾸이성을 그리워하는 마음을 표현했다고 한다. 계수나무의 계(桂)자와 린꾸이성의 계(桂)자가 같은 글자이기 때문이다.

대세계(大世界) 옆에는 무얼당(沐儿堂)교회가 있는데 예전의 이름은 삼일당으로 국민대표회의를 진행했고, 이후에는 각종 교

▲목은당

민 행사를 한 장소이기도 하다. 난징루(南京路)에 접어들면 용안(永安)백화점이 있는데 1921년에 이승만이 상하이에 잠깐 머무를 때 임정 요인들이 옥상에서 사진을 찍은 장소로 아직도 당시 원형이 남아있다. 1930년대 상하이에는 미녀선발대회가 있었는데 용안백화점 사장 딸이 2위를 했다가 개최 측에 백화점 사장이 압력을 넣어 1위로 바뀌었다는 일화가 있다. 그 당시 김염은 영화잡지사에서 뽑은 영화황제로 불리게 되고 정율성은 난징(南京)과 상하이(上海)를 오가면 음악공부를 하였다.

▲ 상하이(上海)상업저축은행

용안백화점 맞은편에 있는 건물은 이동휘, 김립, 김철수가 고려공산당을 창립한 장소이다. 임정 초기 김립은 레닌의 공산당 자금 400만 루블 중 200만 루블을 모스크바에서 상하이(上海)까지 가져오게 되고, 이 과정에 김필순의 친구이자 몽골의 황제 주치의였던 이태준이 도움을 주었다고 한다. 이태준은 블라디보

독립유적지 동행하기

스토크의 최재형처럼 러시아 백군에 의해 살해당한다. 임시정부가 상하이공산당에서 관리하는 레닌 자금을 정부 운영비로 내놓으라고 계속 압박하자 고려공산당은 임시정부에서 탈퇴하였고 김구는 오면직 등에게 지시하여 김립을 총살한다. 김립과 같은 자리에 있던 김철수는 김립이 상하이상업저축은행에 보관한 40만 원을 찾아서 공산당 활동에 사용했다고 알려졌고, 김구는 김립 살해에 대해 그에게 여자 문제가 있었다고 발표하게 된다. 40만 원은 현가로 500억에 달한다.

▲ 상하이 염업은행

난징루(南京路)에서 쑤저우허(苏州河) 방향으로 가면 염업(鹽業)은행이라는 곳이 있는데 이곳은 상하이한인교회로 사용했던 곳으로 미화서관이라는 서점 자리다. 1921년 삼일당을 사용하기 전까지 상하이에 있던 기독교인들이 다녔던 장소이다. 이곳의 책임자는 피서 목사인데 그는 홍코우(虹口)의거 이후 김구를 자신의 집에 숨겨주었고, 일본의 검문이 심해지자 그는 운전기사로, 김구는 피서 목사로 변장한 후 지아씽(嘉興)으로 무사히 도피할 수 있게 해 주었다. 피서 목사는 윤봉길을 홍코우공원까지 데려다 주었다는 이야기도 있는데 택시를 타고 혼자 갔다는 이야기도 있고 이화림과 함께 부부 행세를 하고 갔다는 이야기도 있다.

잃어버린 고종 비자금 덕화(德华)은행

▲ 서울 양해진 헐버트 묘비

헐버트라는 선교사는 한국인보다 한국을 더 사랑한 외국인으로 알려졌다. 그의 활동은 미국의 이권 획득을 위해 노력한 알렌과 대비되는 면이 있다. 그는 육영학원에서 한국어를 배웠고 외국인이 한글을 쉽게 배우기 위해 한글 교본을 만들었고, 아리랑을 악보로 만들었다. 특히 한글을 연구하면서 띄어쓰기가 없는 점을 반영하여 한글 띄어쓰기를 처음으로 주장한 사람이다. 또한 경천사지 석탑을 일본이 가져간 사실을 알고 미국과 일본에 끈질기게 기고를 내어 한국으로 되찾아 올 수 있게 만든 장본인이다. 석탑은 어렵게 복구해서 파고다공원에 설치했으나 원래 모양에서 많이 훼손되었을 뿐만 아니라 새똥으로 인한 부식이 문제가 되어 현재는 국립중앙박물관 내부에 설치되어 있다. 최근 문화재제자리찾기 운동본부의 혜문스님이 경천사지 석탑을 원래 위치인 북한에 넘겨주자는 주장을 하고 있다.

1907년 헐버트는 고종의 밀명으로 네덜란드 헤이그에 특사로 가게 되면서 또 다른 임무를 맡게 되는데 그것은 바로 고종의 내탕금이 보관된 상하이 덕화(德华)은행에 가서 51만 마르크,

▲ 와이탄에 있는 옛 덕화은행

현재 가치로 500억 원을 찾아오라는 것이었다. 일본은 헐버트를 감시하고 있어서 이준 등 헤이그 밀사가 안전하게 이동하도록 그는 일본으로 가게 된다. 다시 상하이로 와서 와이탄(外灘)에 있는 덕화은행에서 고종의 날인이 있는 증명서를 내밀었으나 덕화(德华)은행에서 벌써 그 돈은 인출되었다는 소식을 듣게 된다. 내탕금은 조정의 비자금으로 소수 인원만 알고 있었으나, 이완용이 이를 벌써 알고 서류를 꾸미고 덕화은행을 설득하여 돈을 찾아간 것이다.

이후 일제에 의해 헐버트는 미국으로 돌아가고 그는 예금을 찾기 위해 백방으로 노력한 끝에 도이치(Deutsche)은행과 독일정부를 상대로 관련 서류를 찾게 된다. 일본패망 후 1948년 8월

▲ 와이탄에 있는 옛 조선은행

15일 정부 수립일에 초청을 받아 해군 군함을 타고 한국에 도착했으나 얼마 있지 않아 기력이 떨어져 숨을 거두게 된다. 이때 관련 서류들을 한국 정부에 전달하였으나 6·25전쟁이 터지고 어수선한 상황에서 서류를 분실했다고 한다. 현재 헐버트 재단에서는 이 돈을 찾기 위한 활동을 지금도 계속하고 있다.

덕화(德华)은행 옆에는 조선은행이 있었는데 중국에는 텐진(天津), 선양(沈阳), 텐진(天津) 등에 지점이 있었고, 고종의 비자금은 아마도 조선은행을 통해서 처리됐을 가능성이 높다.

그 시기에 헐버트와 같이 활동한 렌은 선교사이자 외교관이자 무역업자로서 조선의 많은 이권을 차지한 것으로 알려졌다. 알렌이 일본에서 조선으로 들어올 때 여객선에서 이화영이란 떡장수를 만나게 되었는데 "어쩌다 공무원" 일명 어공의 주인공이다. 그는 돈을 벌기 위해 일본에 가서 찹쌀떡 장사를 했으나 친구에게 사기를 당해 고국으로 돌아오는 배 위에서 옆에 서 있는 알렌을 만나게 되었다. 알렌은 일본어와 조선어를 할 줄 아는 그를 주방장으로 데려가게 된다. 알렌에게 영어를 배우게 된 그는 짧은 영어를 한다는 이유로 알렌의 비서로서 고종을 만나게 되고, 고종이 그를 통역관으로 임명하게 된다.

1882년 조미통상 조약을 체결하고 보빙사를 꾸려서 민영익 일행이 미국을 다녀온 후 1885년 주미공사관에 이하영을 비롯한 이완용, 이상재, 박정양이 미국에 부임하게 된다. 리홍장(李鴻章)이 조미통상조약 시 조선은 청나라 속국이라고 된 조약에 근거하여 영사를 파견할 수 없다고 압력을 넣어 박정양 일행은 한국으로 들어오고, 고종은 이하영에게 미군 20만 명을 한국에 용병으로 파견시키라는 지시를 하게 된다. 그는 정관계 로비를 하였고, 특히 춤을 아주 잘 춰서 연회장에서 항상 두각을 보였다고 한다. 그는 정치, 언론, 외교, 금융권에 발을 넓혀 뉴욕은행에서 200만 불의 차관에 성공하였으나 상원에서 미승인되어 수포로 돌아가고, 당시 로비에 사용한 16만 불을 상환하지 않는 조건으로 무사히 한국에 돌아오게 된다. 이 이야기는 이하영 본인의 주장이다.

그는 한국에 돌아올 때 철도모형과 철도부설에 필요한 토목과 열차설계 도면을 가져오게 되고, 이를 바탕으로 경인선 철도를 부설하게 된다. 그래서 철도박물관에는 그의 사진이 게시되어 있다. 이후 그는 주요 관직을 두루 거치다가 이완영과 함께 친미파에서 친일파로 노선을 바꾼다. 1905년 을사늑약 시 을사오적 다음의 악역을 맡은 그는 일본으로부터 작위를 받고, 조선 최초로 고무신공장을 설립하여 순종을 모델로 쓰면서 사업에 성공하였고 파란만장한 삶을 살았다.

그의 손자인 이종찬은 일본 장교로 인도차이나 섬에서 태평양전쟁에 참전했을 때 조부와 부친의 작위 승계를 거부하였고 일본패망 후 한국에서 육군참모총장, 국방부 장관 등을 역임하였다. 그는 친일파 집안임을 부끄러워하고 독립군 출신이 한국군대를 이끌어야 한다고 주장했고, 이승만과 박정희의 독재에 반대하였다. 퇴임 후 청빈하게 살다가 죽을 때 주머니에 26만 원만 있었다고 한다. 그는 일본군인으로 근무한 경력으로 친일반민족행위자로 등재되어 있고, 그의 묘는 동작동 국민묘지에 있다. 일본육군대학교를 졸업하고 중장까지 오른 홍사익과 대비되고, 윤봉길 의사의 폭탄을 만들어 준 5성 장군 김홍일 장군과도 대비되고, 전재산이 29만 원밖에 없다는 전두환과도 대비된다.

고종의 비자금을 횡령한 회풍(汇丰)은행

민씨 친족인 민영익은 1882년 보빙사로 다녀오고 승승장구하다가 1884년 우정국 개소식에서 급진개화파가 일으킨 갑신정변으로 큰 부상을 입었으나 알렌이 그를 치료해 줬고, 명성황후의 지시로 최초 서양의원인 광혜원이 설립되었다. 민영익은 개화파 관리로서 권세를 누릴 수 있었으나 1885년 갑자기 관직을 버리고 상하이(上海)로 넘어오게 된다.

상하이에서 생활하던 그는 고종이 홍삼 1만 근을 팔아서 남긴 내탕금(현재 가치 천억 원)을 가지고 있었다. 하얼빈(哈尔滨)의 거 전에 안중근은 상하이(上海)에서 그를 찾아가 군자금을 요구했으나 그는 거절했다고 한다. 임시정부가 내홍으로 자금이 부족할 때 민영익이 자금을 가지고 있다는 소문을 임정요인들의 귀에 들어가게 되고, 수소문 끝에 민영익의 집을 찾았으나 그는 죽고 없었다. 갑신정변으로 그에게 상해를 입혔던 김옥균도 동화양행(东和洋行)에서 총에 맞아 죽었으니 둘의 운명은 상하이에서 끝이 나게 된다.

그의 중국인 부인과 아들만 남게 되자, 임정요인들은 비자금이 어디에 있는지 물었고, 그의 아들이 열쇠를 하나 찾아서 요인들에게 전달한다. 요원들이 그 열쇠를 가지고 와이탄(外灘)에 있는 은행을 샅샅이 뒤진 끝에 그 열쇠가 회풍은행의 것이라는 사실을 알게 된다. 은행에서 금고를 열어보려면 보관료를 내야 한다고 해서 교민들의 돈을 모아서 어렵게 금고를 열었으나, 돈은 없고 서류들만 나오게 된다. 회풍은행 본사가 홍콩에 있으니 가보라고 해서 다시 돈을 모아 홍콩 본사에 도착해서 금고를 열었으나 역시 서류만 있었다고 한다. 당시 회풍은행은 외국의 비자금을 보관하고, 소식이 없는 자금은 자체로 처리해서 사세를 키우고 있었던 것이다. 회풍은행은 지금의 HSBC은행으로 현재 와이탄(外灘)에 포발은행이 위치해 있다. 또 다른 고종 비자금은 로청(露靑)은행에 있었고, 임시정부가 운영한 한국노병회에서 예금했다는 일야(日夜)은행은 대세계(大世界) 지하 1층에 있었다고 한다.

홍삼을 팔아서 조선 최고 부자가 된 임상옥이라는 인물이 있는데 그는 1800년대 신의주에서 중국을 오가는 무역상이었다.

베이징(北京)의 청나라인들은 홍삼을 귀한 음식으로 여겼는데 그는 홍삼으로 여러 실험을 했다. 백삼을 가마솥에 수증기로 여러 차례 찐 뒤 건조해서 자주색 삼을 만들어냈다. 이것을 사신과 함께 베이징(北京)에 가서 상인들에게 비싼 가격에 팔 수 있었고 인기가 좋아 베이징(北京)에 다녀올 때마다 막대한 부를 쌓게 되었다. 이후 본인의 전 재산과 남의 돈을 끌어모아 엄청난 양의 홍삼을 가지고 베이징에 갔으나 청나라 상인들이 담합하여 불매한 결과, 가격이 떨어지게 된다. 한참이 지나 사신과 조선에 돌아가기 전날 임상옥이 자신의 홍삼을 불에 태우는 것을 청나라 상인이 보게 되었고 그들은 만약 임상옥의 물건을 받지 않으면 자신의 약방이 망하게 될 것 같아 10배의 가격에 홍삼을 사게 된다.

그러던 그는 조선에서 자신의 부를 백성에게 돌려주고 구휼 활동을 하며 지냈는데 조정에서 그 사실을 알고 그를 군수에 앉혔으나 그를 시기하는 관리들 때문에 군수 자리에서   거나게 된다. 그런 후 그는 돈에 대한 욕심을 완전히 버리고 임차계약서를 모두 찢어버리고 재산도 모두 사회에 환원하고 시골로 내려가 농사와 시를 지으면서 지내다가 숨지게 된다.

그의 이야기를 다룬 최인호의 『상도』라는 소설이 있다. 소설에는 계영배라는 술잔이 나오는데 술을 7할 이상 따르면 저절로 술이 밑으로 새어 버려서 가득 채울 수 없는 독특한 구조의

술잔이다. 그는 욕심을 다 채우지 않는 절제를 알았던 상인이었는데 "재물은 흐르는 물과 같고 사람은 바르기가 저울과 같다."라는 말을 남겼다고 한다. 임상옥이 조선 말기 노블리스 오블리주를 보여주는 사람인 반면 그가 죽고 5년 후 태어난 민영익은 그런 홍삼 1만 근을 팔아서 어떻게 했을지 찾아보고 싶다.

김해산 고택

1932년 4월 29일 윤봉길 의사와 김구가 아침식사를 한 곳이 김해산의 집이다. 윤봉길 의사는 식사 후 김구와 헤어질 때 자신의 시계를 김구와 바꾸고 택시를 타고 홍코우(虹口)공원으로 향했다고 한다. 이화림을 만나 부부 행세를 하면서 현장에 갔다는 얘기도 있고 윤봉길 의사 혼자 갔다는 얘기도 있다. 남화연맹의 백정기도 홍코우 의거를 별도로 준비했으나 당일에 입장권을 받지 못해서 당황하고 있었으나, 11시경에 폭탄 소리가 나서 다른 조직에서 폭탄 의거를 한 것으로 알았다고 한다.

신규식 고택

신규식은 을사늑약이 체결되자 독약을 먹고 자결을 시도했고 오른쪽 눈 신경을 다쳐 항상 선글라스를 끼고 생활했고, 본인의 호를 '흘려볼 예(睨)자를 써서 예관으로 정했다. 그는 한일합방 이후 쑨원(孙文)의 신해혁명에 참여했으며 상하이(上海)로 건너와서 동제사, 박달학원을 통해 청년들의 실력양성 활동을 하였고, 신한청년당을 만들어 임시정부의 틀을 만들었다. 임시정부에서 주요 요직을 수행하였으며 1920년 광저우(广州)의 호법(护法)정부에서 임시정부를 지지하게 하였으나 얼마 되지 않아 임시정부의 분열을 보고 병세가 악화되어 독립을 원한다는 유언을 남기고 세상을 떠났다. 그가 살던 집 맞은편에는 중국공산당 시초인 천두슈(陈独秀)와 국민당 요원이었던 천치메이(陈其美)가 살았다고 하고, 주민들은 신규식의 집을 조선의 부통령이 살았다고 말한다.

김염이 활동한 남국사(南国社)

'일어나라(起来)'라는 가사로 시작하는 중국 국가(國歌)는 니에얼(聂耳)이 작곡하고 전한(田汉)이 작사한 의용군행진곡(义勇军行进曲)으로 샤옌(夏衍)극본을 쓴 영화 〈풍운아녀(风云儿女)〉에 삽입된 주제가다. 영화는 주인공이 웨이만괴뢰정부를 만든 일본을 향해 의용군으로 참전한다는 이야기로 주인공은 왕런메이(王人美)이고 당시 그녀의 남편은 김염이었다. 1935년 영화가 상영될 당시 중국은 국민당에서 공산주의나 혁명을 주제로 영화를 만들지 못하게 하였고 일본을 비롯한 서양 국가와 잘 지내는

▲ 남경총독부에 게시된 김염과 왕런메이(王人美) 사진

정책을 펼침에 따라 장제스(蔣介石)의 지시로 영화는 사전 검열을 하던 시기였는데 전한(田汉)은 항일영화를 만들었다는 이유로 난징(南京) 교도소에 수감되어 있었다.

전한(田汉)은 난징교도소에서 담배 종이에 가사를 써서 니엘에게 전달하고 니엘이 곡을 붙여 만들었다. 영화제작 후 쑤저우허(苏州) 근처에 위치한 금성(金城)극장에서 상영되었는데 지금은 황푸(黄浦)극장으로 이름이 바뀌어 있다. 김염이 영화배우로 성공하면서 난징에서 열린 농구대회에 참석할 때 난징교도소에 있던 전한을 만나게 되는데 이때 김염의 여동생인 김위가 국민당 정부 요인들과 연결을 시켜주는 역할을 했다.

전한이 남국사(南国社)라는 예술극단을 운영할 당시, 김염은

독립유적지 동행하기

무대에 서지 못하고 허드렛일을 하고 있었는데 어느 날 주인공이 오지 않았다. 전한이 김염에게 대신 주인공을 해 줄 것을 물었고, 그는 매일 공연을 매일 봐서 대사를 외우고 있었던 것이다. 무대에 올라서 그는 주인공 연기를 제대로 했고 그때부터 전한은 그를 주인공으로 쓰게 되었다. 난징(南京), 쑤저우(苏州) 등에서 공연을 다

▲ 남국예술학원구지

니던 남국사(南国社)는 국민당정부의 검열로 인해 폐쇄되었다. 김염은 다시 극장 검표원을 하면서 시간을 보냈다. 그러던 중 쑨유(孙瑜)는 미국 유학 후 상하이(上海)에 돌아와서 배우를 찾고 있었을 때 우연히 김염이 연기한 〈풍운남아〉를 보고 그의 가능성을 알게 되어 김염을 찾아가서 자신과 같이 영화를 찍자고 해서 그의 영화배우 인생은 전성기를 맞게 된다.

류자명의 남화연맹 자리

상하이(上海)에서 활동하는 단체들은 민족주의 계열과 공산주의 계열과 아나키즘 계열로 크게 3가지 부류로 나눌 수 있고 그

들은 조국 독립을 위한 목표는 같았으나 노선에는 약간의 차이가 있었다. 1930년 아나키즘을 추종하는 이회영을 비롯한 류자명, 정화암, 안공근, 백정기 등이 조직한 무정부주의운동단체인 남화연맹은 흑색공포단이라는 활동조직을 만들어 상하이(上海)에서 일본요인 암살을 진행하였는데 남화연맹의 의장은 류자명이었고 그는 본인이 교수로 있는 남샹 입달(立达)학원에서 요인들과 만나 아나키즘 이론연구를 하고 청년을 대상으로 계몽운동을 전개하였다.

류자명은 한국, 중국, 북한에서 각각 훈장을 받은 유일한 인물이다. 한국은 의열단, 남화연맹, 임시정부에서 독립운동을 한 공로로 훈장을 받았고, 중국과 북한에서는 농업발전에 기여한 공로로 훈장을 받았다. 중국 장사에 있는 호남농업대학에는 3개의 동상이 있는데 그중 하나가 류자명의 것이고 그가 연구했던 건물이 기념관으로 남아 있다.

그는 베이징(北京)에서는 신채호, 김창숙, 조성환과 교류했고, 톈진(天津)에서는 이회영의 집에 기거했으며 상하이(上海)에서 김원봉의 의열단에 가입하였고 충칭(重庆)에서는 임시정부에서 요직을 맡았다. 일본패망 후 귀국하려 했으나, 6·25전쟁이 발발하여 중국에 남게 된다. 그가 상하이 입달(立达)학원에 있을 때 중국의 유명 소설가인 빠진(巴金)과 교류했고 그는 류자명을 모티브로 한 「머리카락 이야기」라는 소설을 쓰기도 했다. 난징(南

京)에 있을 때는 국민당 간부의 추천으로 청룡산 제일농장을 관리하게 되었는데 그때 의열단이 운영하던 조선혁명정치군사간부학교에서 강의를 하기도 하였다. 류자명은 1894년에 충북 충주에서 태어나 1919년 중국으로 와서 1985년 돌아가실 때까지 60년을 한국에 가보지 못한 독립운동가다.

남화연맹터는 현재 텐즈팡(田子坊) 앞 빌딩으로 바뀌었고, 입달(立达)학원은 여러 곳이 있으나, 농업과가 농업과가 있었던 남상입달학원은 현재 공터로 남아 있다.

영화황제 김염의 고택

드디어 김염이다. 나는 그에 관해 중국어로 쓰인 책을 두 권 읽었고, 그 집안과 소통하는 것이 정말 행복하다. 그는 1910년 서울에서 태어나 아버지 김필순을 따라 치치하얼(齐齐哈尔)에 오게 되고, 할머니와 남동생 김강과 함께 상하이(上海) 고모 집에서 살다가 김규식의 전처소생인 동갑내기 아들의 괴롭힘으로 큰형이 있는 지난(济南)으로 갔다. 고모부인 김규식이 텐진(天津) 북양대학 영문과 교수로 부임하면서 텐진 남개(南开)중학을 다니다가 영화배우의 꿈을 품고 상하이에 왔다.

그는 와이탄(外滩) 근처 극장을 맴돌다가 전한(田汉)을 만나 남국사(南国社) 일원으로 난징(南京) 등에 공연을 다녔고 국민당의 탄압으로 남국사가 해체되자 다시 극장 문지기로 근무하였다. 그러던 중 쑨유(孙瑜)가 그를 발탁하였고, 당대 최고여배우인 완링위(阮玲玉)와 함께 〈야초한화(野草闲花)〉를 찍었고, 중국 젊은이들에게 대유행이 되어 스타가 되었고, 이후 왕런메이(王人美)와 찍은 들장미가 연달아 히트를 쳤다.

영화 〈대로(大路)〉에서 주인공으로 나와 일본과 맞서 싸우는 투사로서 도로공사를 주도하고 끝내 일제의 공습을 받아 장렬하게 산화하는 역을 맡았는데 당시에는 금기시되었던 상체를 탈의하는 남성다움을 보여 여성의 우상이 되었고 니에얼이 작곡한 영화 주제가인 〈대로가〉와 〈선봉가〉는 큰 인기를 끌었다. 1932년 영화잡지사 띠엔셩(电声)이 진행한 구독자 투표에서 가장 인기 있는 배우, 가장 친구가 되고 싶은 배우, 가장 좋아하는 배우 부문에서 1위에 선정되어 22살의 나이에 "영화황제"라는 칭호를 얻게 되는데 이 칭호는 현재까지 어떤 배우에게도 불리지 않고, 그에게만 부여된 유일한 호칭이 되었다.

1934년 12월 왕런메이(王人美)와 결혼하고 작품활동을 하였으나 1937년 중일전쟁이 일어나 상하이)에 주둔한 일본 장교의 친일영화 제작을 거부하고 홍콩으로 갔으며 일본이 홍콩을 점령하자 충칭(重庆)으로 피신한다. 이후 왕런메이와 이혼하고 충칭(重庆)에서 만났던 친이(秦怡)와 홍콩에서 재혼을 하게 되는데 그 자리에는 꿔모루(郭沫若)을 비롯한 좌익작가연맹 인사들이 많이 참석하였다. 영화배우였던 친이의 전 남편 진천국(陈天国)도 영화배우였는데 그는 18세였던 친이와 결혼하여 딸 하나를 낳았으나, 술을 먹고 친이를 때리는 일이 많아 그녀는 남편을 도망쳐 나왔다고 한다. 그런 그녀를 상하이에서 다시 만나게 되면서 구애 끝에 결혼하게 되었고, 진천국은 항저우(杭州) 영은사(灵隐寺)에서 목을 매 자살하였다.

정율성은 1934년부터 1937년까지 상해와 남경을 오가며 음악 공부와 청년모임을 하고 있었고 그가 오월문예사라는 모임에서 처음으로 불렀던 노래가 의용군행진곡이라는데 조선인 출신인 김염과 정율성이 만났다면 어떠했을지 궁금해진다.

김염은 6·25전쟁 때 인민해방군 위문단으로 북한에 가서 어머니와 여동생 김위를 만날 수 있었다. 치치하얼(齐齐哈尔)에서 헤어진 어머니를 30년이 흘러서 만나게 된것이다. 김위는 오빠인 김염과 함께 영화배우를 하기도 하고, 시인이면서 가수였는데 조선의용대에 가입하여 태항산(太行山) 전투에도 참여했다. 그곳에서 이화림여사와 함께 생활했고 조선의용대에서 만난 김창만과 결혼했는데 그는 북한에서 교육부장을 하였다. 정율성과 김염은 북한에서 만날수도 있었던 것이다.

친이(秦怡)에게는 베베라는 딸이 있었고, 김염 사이에서 김제라는 아들을 낳아서 행복한 시절을 보냈으나, 김염은 서역 고원에서 추운 날씨 속에 영화를 찍다가 위장병에 걸리게 되었다. 그는 수술을 하였으나 잘못되어 병원신세를 지게 된다. 그 사이에 아들이 정신분열증에 걸리고 친이는 계속 작품활동을 하게 된다. 김염은 수술하기 전에 친이의 여동생과 바람이 났다는 소문이 있어서 친이와는 결혼생활이 불가능했으나 그의 임종을 지켜본 이는 친이였다. 그는 상하이(上海) 푸서위엔(福壽園)에 모셔져 있고 그 옆에는 완링위(阮玲玉)가 잠들어 있다.

▲ 복수원 김염 묘소

조현병을 앓던 김제는 엄마를 때리기도 했는데 친이(秦怡)는 배우였기 때문에 자신의 얼굴을 때리지 못하게 하면서 달랬다. 김제는 김염처럼 예술 방면에 소질이 있었는데 그림을 배우고 나서 조현병 증상이 잦아들었다. 친이는 헌신적으로 아들을 돌보았고, 그는 많은 그림을 그렸는데 2000년 경매에서 미국의 아놀드 슈왈제네거가 그의 그림을 2만 5천불에 구매하였다. 김제는 아버지 김염이 죽은 뒤 30년 동안을 친이의 보살핌을 받다가 59세의 나이에 사망한다.

김염은 일본패망 후 조선족을 돕기 위해 조선인교포협회를 만들고 조선족 학교를 지원하였다. 그는 한국어가 서툴렀으나 집에 찾아온 교포에게 돈도 주고 잘 접대했다고 하고 북한의 세계적인 무용가인 최승희의 공연을 지원하기도 했다. 일본패망 후 그는 국가 일급배우로 지정되어 마오쩌둥(毛泽东)과 식사를 하게 되고 그가 조선인이라는 사실에 마오쩌둥이 웃으면서 어깨를 두드려 주었다고 한다. 저우라이(周恩来) 부부는 김염과 친이(秦怡)를 저녁식사에 초대하였는데 그녀를 예전부터 알고 있던 저우라이는 국민 여동생인 친이와 결혼한 김염을 중국의 부마라고 표현하였다. 친이가 공주였는데 김염이 결혼했다고 부마라는 농담을 했다. 마오쩌둥의 4번째 부인인 장칭(江青)은 배우였으나 별로 유명하지 않았는데 문화혁명 시기에 김염을 시기하여 그를 혹독하게 탄압하였다.

최승희는 세계적인 무용가로서 해방 후 일제에 협력했다는 이유로 남한에서 활동을 못 하게 되자 월북하여 김일성의 지원으로 평양에 예술단을 열었다. 정율성은 해방 후 조선의용대 일원으로 1945년 부인 딩쉐쏭(丁雪松) 딸 정소제와 함께 북한으로 들어가서 해주를 거처 평양에서 조선인민국 구락부장으로 취임하였고 북한의 조선인민군군가를 작곡하였다. 김일성은 저우라이(周恩来)의 양녀라고 했던 딩쉐쑹을 만나 피아노를 선물한다. 1948년 평양에서 최승희는 정율성과 딩쉐쑹 여사 앞에서 공연을 했는데 당시 문화부장이 박창만이고 그의 부인이 김위였으니, 최승희 또한 김염과 정율성의 특별한 인연이 있다.

6·25전쟁 전에 딩쉐쑹(丁雪松)은 저우라이(周恩来)에게 편지를 써서 중국으로 돌아가도록 청원을 했고 저우라이가 김일성에게 편지를 써서 딸과 함께 먼저 중국으로 돌아가게 되었고, 이후 정율성은 어머니를 모시고 중국으로 들어갔다. 정율성은 그때 중국 국적을 획득하는데, 신중국 수립 후 최초 외국인 귀화에 따른 중국국적자가 된 셈이다. 김염 부인인 친이(秦怡)에게는 공주로, 정율성 부인인 딩쉐쑹에게는 양녀로 대해 주었던 저우라이는 정말 조선인과 가까운 영도자였던 것 같다.

최승희는 손기정과 사진을 찍은 적이 있다. 그는 1936년 베를린 올림픽에서 일장기를 달고 금메달을 땄고, 남승룡이 동메달을 땄다. 1932년 LA 올림픽에서 조선인 2명이 페이스메이커 역할을 하라는 일본의 요구를 거부하고 6위, 9위를 하게 되자, 일본은 마라톤 대표선수 선발 때 그를 탈락시키기 위해 노선을 바꾸거나 지름길로 가는 등의 방법을 썼으나 그의 기량이 워낙 뛰어나 대표선수로 선발되었다. 손기정은 베를린 올림픽에서 금메달을 땄는데 히틀러가 만난 최초이자 마지막 조선인이었을 것이다. 조선인이 아닌 일본인으로 메달을 딴 그는 수상식에 화분으로 일장기를 가렸고 한국에서도 일장기말소사건으로 동아일보 송진우 사장이 강제 퇴직되었고 당시 여운형이 사장이었던 조선중앙일보는 폐간되었는데 일본패망 직전에 여운형이 의장으로 있던 건국준비위원회에서 손기정은 연락 담당으로 활동하였다.

　따렌(大連) 출신의 중국인 류장춘(刘长春)은 1932년 LA 올림픽 100미터 육상선수로 참가하였는데 이는 중국인 최초로 올림픽 선수다. 1932년은 일본이 만주국을 세웠을 때인데 일본은 그에게 만주국 대표로 나갈 것을 요구했으나 일본의 제안을 거부하고 중국 국적으로 올림픽에 참가한다. 그는 동북군벌 장쉐량(张学良)이 1,600불을 줘서 미국을 갔고, 돌아오는 여비는 화교들이 돈을 모아서 주었다고 한다. 이후 1936년 베를린 올림픽에도 대표로 나갔으니 손기정과 만났을 수도 있다. 김염과 친이(秦怡)는 2005년 중국영화 탄생 100주년 기념일에 100인의 우수 연기자로 선발되었고, 친이는 주요 영화제에 시상자와 수상자로 참가하며 활발한 활동을 하였고 2017년에는 96세 고령에도 영화를 찍었으나, 2022년 2월 상하이화동병원에서 100세 생일을 보낸 뒤 얼마 지나지 않아 2022년 5월 9일 새벽, 숙환으로 별세한다. 김염의 큰형인 김영의 손녀 박규원이 『외할아버지를 찾아서』라는 책을 한국과 중국에 출간하였고, 한국 역사다큐멘터리에서 그를 소개하였고, 그를 주인공으로 한 뮤지컬이 공연되기도 하였다.

▲ 김염과 친이(秦怡) 전기

▲ 박규원 작가의 외할아버지를 찾아서

그의 부친과 고모들과 고모부는 대부분 독립운동을 하였는데, 아버지 김필순, 고모부 서병호는 임시정부 요원이었고, 김순애는 애국부인회를 이끌었고, 사촌 누나 김마리아는 동경 2·8선언과 한국여성단체를 이끌었다. 김필례의 남편 최영욱은 김필순의 세브란스 후배이고 그의 여동생인 최영온인데, 그녀의 아들이 정율성이다. 둘 다 중국의 국가와 군가의 주인공인 셈이다.

김염과 활동한 완링위(阮玲玉)와 니에얼(聶耳)의 고택

김염과 같은 시절 최고의 여배우였던 완링위(阮玲玉)의 집과 김염의 집은 근처에 있는데, 그녀는 홍콩배우 장만옥(张曼玉)이 주연한 완링위(阮玲玉)라는 영화로도 알려졌다. 한창 영화배우로 명성을 날리고 있었던 그녀는 1935년 "소문의 힘은 무서운 것이다(人言可畏)"라는 유서를 남기고 25살의 나이에 자살하였다. 당시에는 부잣집

▲ 완링위(阮玲玉) 고택

남자와 사귀거나 헤어질 때 상당한 돈을 주고받아야 했고 그녀의 자살은 당시 상하이(上海)의 개방적이면서도 봉건적인 사회상을 보여준다. 그녀는 38부녀절을 맞이하여 자신이 졸업한 숭덕(崇德)여중에서 연설하기로 했으나, 하루 전에 자살로 생을 마감하게 된다.

완링위가 찍은 영화 중에는 1934년에 〈잘 있어라! 상해(再会吧, 上海)〉라는 영화가 있는데 이 영화의 감독은 정기탁이라는 조선인이다. 그는 1928년 상해로 건너와서 박은식의 『애국혼』이라는 책을 읽고 시나리오를 만들었는데 주요 내용은 안중근

의사의 하얼빈 의거를 주제로 한 항일영화여서 여운형의 도움
으로 영화사를 찾게 되고 그가 감독으로 영화를 찍었다. 항일주
제임임에 따라 중국 관객으로부터 호평을 받았다고 한다.

조선의 문화통치시기인 1926년 나운규의 〈아리랑〉은 큰 인기
를 끌었는데 나운규와 함께 활동한 정기탁은 이경손과 함께 활
동을 하였는데 이경손이라는 인물의 이력은 참으로 특이하다.
그의 사촌누나인 이마리아의 남편은 현순이라는 임시정부 요원
이었고 현순의 딸인 현앨리스는 하와이에서 태어나 미국에서 생
활을 하였는데 공산주의자였다. 그녀는 미국, 상해, 조선, 일본
을 오가며 임시정부와 요인들과 접촉하였다. 조선에서 영화제작
을 하던 당숙인 이경손과 함께 카카듀라는 한국 최초 커피숍을
오픈하였고 그곳에서 정보수집을 하다가 상해로 건너와서 박헌
영과 활동하였으나 일본패망 후 북한에 망명하여 활동하다가 미
국 간첩 혐의로 박헌영과 함께 숙청된 것으로 알려졌다.

박헌영과 부인 주세죽은 연해주, 상하이, 조선을 오가며 공산
주의 활동을 맹렬히 추진하였고 박헌영은 남로당의 빨치산 활
동을 노동자, 농민이 호응해 줄 거라고 주장하여 6·25전쟁을 일
으킨 것으로 알려졌다. 전쟁 패배 후 김일성과 책임논쟁으로 큰
싸움을 하였으나 결국 권력투쟁에서 실패하여 김일성에게 숙
청당하는 운명을 맞게 된다. 그의 부인 주세죽은 친구였던 김단
야와 재혼하였고 박헌영은 해방 전에 지하활동 중 만난 여인 사
인에 아들을 하나 두었다. 그 아들은 빨치산 대장 이현상의 보

호를 받다가 이현상이 지리산에서 차일혁 부대에게 섬멸되면서 원경스님으로 살아가다 최근에 별세하게 되었다.

귀 이(耳)라는 한자를 4개 사용하여 이름을 지은 니에얼(聶耳)은 천재 작곡가로 알려졌다. 그는 김염과 함께 연화(联华)영화사에 소속되어 작곡 활동을 하였는데, 같은 동료였던 왕런메이(王人美)에게 청혼하였다가 거절당했고 1934년 12월 연말에 김염과 왕런메이는 결혼을 발표하게 된다. 이후 그는 24세의 나이에 일본 바닷가에서 수영 도중 익사하게 된다. 이후 그가 작곡한 의용군행진곡(义勇军行进曲)은 중국 국가가 되었다.

▲ 니에얼(聶耳) 고택

▲ 의용군행진곡 녹음장소

쑹칭링(宋庆龄)기념관

쑹지아슈(宋嘉树)라는 광저우(广州) 출신 부자가 낳은 세 명의 딸 이야기를 다룬 영화 〈송가황조(宋家皇朝)〉를 보면 그녀들의 삶을 볼 수 있다. 쑹지아슈는 쑨원(孙文)과 친구이면서 든든한 후원자였는데, 그의 세 딸은 봉건신분사회에서 미국 웨슬리언 대학에 유학을 간 후 중국의 부자와 중국의 국부와 타이완(台湾) 총통과 각각 결혼하여 한평생을 살아간 여인들이다. 웨슬리언 대학은 조선의 최초 미국자비 유학생인 김란사가 졸업한 대학이다.

첫째인 쑹아이링(宋靄齡)은 쑨원(孫文)의 구애를 물리치고 쿵상시(孔祥熙)와 결혼하여 중국금융을 장악하여 부잣집 부인으로 살았는데 세간에서는 그녀를 '돈을 사랑한 여인'으로 부르고 있다.

둘째인 쑹칭링(宋庆龄)은 쑨원(孫文)의 비서를 하다가 그의 인품에 반해 26살의 나이 차이에도 불구하고 그를 사랑하게 되고, 아버지의 반대에 가출하여 신해혁명을 일으키고 나서 일본에 가 있는 그를 찾아가서 결혼을 하게 된다. 그는 국민당을 이끌고 공산당과 1차 국공합작을 하고 광저우(广州)에서 황포군관학교를 만든 후 북벌을 진행하다가 1925년 사망하였고 그녀는 국민당 좌파 수장으로 활동을 하여 장제스(蔣介石)과 논쟁을 벌이기도 하였다. 쑨원의 후계자였던 장제스가 계속해서 공산당 숙청과 국민당 내 좌파 축출을 하게 되면서 그녀는 러시아로 유학을 떠나게 된다. 2차 국공합작 이후에 중국에 돌아와서 공산당 발전을 위해 기여하고 신중국 설립 후 국가부주석으로서 여성과 아동을 위한 활동뿐만 아니라 외국과의 교류 활동을 활발히 하였다. 사람들은 그녀를 '중국을 사랑한 여인'이라고 부르고 있다.

셋째인 쏭메이링(宋美龄)은 성격이 밝고 사교적이었으며 유학 후 둘째 언니를 만나러 가서 쑨원(孙文)의 참모였던 장제스(蒋介石)을 만나게 되고 예쁘고 세련된 쏭메이링에게 반한 장제스는 이미 기혼임에도 불구하고 그녀에게 청혼하였다. 그녀는 부모와 쏭칭링(宋庆龄)의 반대를 무릅쓰고 두 가지 조건을 장제스가 받아들여 줘서 결혼을 하게 된다. 하나는 전 부인과 이혼하는 것이고 또 하나는 불교를 버리고 기독교를 믿는 것이었다. 당대 최고의 지성과 미모를 갖춘 그녀를 '권력을 사랑한 여인'이라고 한다.

쏭메이링(宋美龄)은 6개 언어에 능통하고 세련된 매너를 소유하여 서방국가의 관심 인물이었고 미국 의회에서 중국인 최초로 영어로 연설을 하여 서방의 많은 지원을 이끌어내기도 한다. 국민당 정부가 패망하여 타이완(台湾)에서 살았고 1975년 장제스(蒋介石)가 죽자 아들인 장징꾸어(蒋经国)가 타이완정권을 세습하게 된다. 그녀는 미국으로 망명하였고, 2003년 106세의 나이로 생을 마감한다. 동북군벌 장쉐량(张学良)도 연회장에서 그녀의 매력에 빠져 청혼을 했다고 한다. 그는 장제스의 수하에 들어오게 되고 1936년 시안(西安)사변에서 장제스를 감금하였고 쏭메이링이 장쉐량을 만나 협상을 해서 남편인 장제스를 난징(南京)으로 무사히 되돌아오게 한다.

쏭칭링(宋庆龄)기념관에는 그녀의 생애관과 묘지가 있고 우캉

루(武康路)에는 그녀의 고택이 있다. 쏭칭링기념관 옆에는 외국 국적의 인물들을 모신 만국공동묘지가 있다. 박은식, 김인전 등 독립운동가의 묘가 있었던 자리가 있는데 도시개발 과정에서 외국인 묘를 이곳으로 이전하였고, 1992년 한중수교 후 1993년에 5기의 유해를 동작동 국립묘지로 이관하게 된다.

그중 정정화의 시아버지이자 대동단 총재이었던 김가진의 유해를 만국 공동묘지로 옮겨올 때 잃어버려 현재 행방을 찾지 못하고 있다. 그녀는 임시정부의 안주인으로 상하이(上海)에서 충칭(重庆)까지 요인들을 보살핀 분으로 아들인 김자동은 현재 임시정부기념사업회 회장으로 활동하고 있다. 김가진은 일본대사로 취임하기도 했으나 한일합방 때 남작작위를 반납하고 대동단을 만들어 독립운동을 하였다. 이후 상하이임시정부로 건너와서 큰어른으로 임시정부를 이끌다가 돌아가셨는데 그분의 유해를 찾지 못하고 있는 것은 참으로 안타까운 상황이다.

풍운아녀를 상영한 황포(黃埔)극장

　금성(金城)대극장은 1935년 5월 24일 왕런메이(王人美)가 주연한 〈풍운아녀(风云儿女)〉를 상영한 장소이고 현재는 황포(黃埔)극장으로 바뀌었다. 〈풍운아녀〉 외에도 김염이 주연한 대로(大路)가 상영되기도 했던 극장이다. 〈풍운아녀〉에 삽입되었던 지금의 중국 국가인 의용군행진곡(义勇军行进曲)이 중국에서 최초로 울려 퍼진 장소이기에 공산당 유적지이기도 하다. 영화삽입곡이 국가로 활용되는 나라는 중국이 유일하고, 당시 사진들이 계단마다 게시되어 있고 김염을 찾아볼 수 있다.

▲ 풍운아녀(风云儿女) 포스터

▲ 황포극장

조선인거주지 아이런리(爱仁里)

　임시정부가 있는 신텐디(新天地)에서 인민공원을 지나 베이징시루(北京西路)에는 아이런리(爱仁里)라는 농탕이 있다. 이곳에는 상인, 기자, 독립운동가, 밀정 등 다양한 직업의 조선인이 모여서 살았다. 이회영의 손자인 이종찬도 이곳에서 살았고 김학철도 이곳에 송보경을 만났고 대한적십자사가 설립된 장소이다. 조선에서 온 많은 청년과 가족이 이곳에 처음 정착한 것은 아마도 프랑스 조계지이면서 일본 조계지와 인접해서 기회를 갖고자 했던 조선인이 모였기 때문일 것이다. 조선인 중에는 아편중개상도 많았고 위안소를 운영하는 사람도 있었고 연회장의 댄서로 일하는 등 하층민의 삶을 산 조선인도 있었고 특히 돈 많은 중국인의 첩으로 살아가는 여인들도 많았다고 한다. 베이징시루(北京西路)로 내려가다 보면 윤봉길이 살았던 화합방, 포석리, 신리방이 있다.

▲ 아이런리(爱仁里)

▲ 화합방

상해사범대학 위안부역사박물관

　1992년 이용수 할머니의 용기 있는 증언에 따라 세계적으로 일본 위안부의 실체가 알려지고, 일부 일본 군인이 본인들이 겪은 위안소 경험과 일본의 만행을 양심선언하는 일이 생긴 이후 세계 곳곳에 소녀상이 생기게 된다. 상하이(上海)사범대학은 위안부 관련한 활동을 하는 교수를 중심으로 박물관이 생겼고 중국 내 1호 소녀상이 설치되어 있다. 홍코우(虹口) 공원 근처에는 1931년부터 시작된 제일살롱이라는 세계 최초 위안소가 있었고, 대문에는 일본 문양이 새겨져 있지만 현재는 재개발이 진행되고 있다.

▲ 위안부역사박물관

홍코우(虹口)공원 의거 윤봉길기념관

붓과 총으로 대표되는 문과 무, 그리고 중국과 한국이 공존하는 곳이 홍코우(虹口)공원이다. 이곳에는 중국의 문인 루쉰(魯迅)기념관이 있고, 한국의 독립운동가 윤봉길기념관이 있다. 기념관 자리는 원래 윤봉길 의거 때 죽은 일본대장의 추모비가 있던 자리였는데 일본패망 후 상하이(上海)시에서 매헌공원으로 만들었다고 한다.

▲ 중국 노인이 물로 쓴 한글

윤봉길은 1908년 충남 예산에서 태어났다. 청년 시절 홍수로 무너진 공동묘지의 묘비석을 전부 가져온 무지한 농민을 보고 야학을 운영하면서 농촌계몽운동을 하였다. 그는 독립운동을 하기 위해 칭다오(青岛)로 넘어와서 일본인 세탁소에서 일하다가 다시 상하이(上海)로 넘어왔다. 상하이에서 버스 차장, 인삼 장수 등을 하다가 한국인이 운영하는 가발공장에 들어가서 근로자로 일을 했다. 그곳의 사업이 잘 되는데도 급여가 오르지 않고 노동시간이 길어지자 근로자를 선동하여 한국인 사장 퇴진 파업을 주동하였다. 그때 김구가 윤봉길을 만나 가발공장에서 독립자금을 지원한다고 설득하였고 그는 책임을 지고 가발공장을 퇴사한다.

이후 일본 조계지에서 야채 장사를 하다가 김구를 찾아가 홍코우(虹口) 의거를 하겠다고 하여 1932년 4월 26일 한인애국단에 가입하였다. 그는 4월 29일 홍코우(虹口)의거를 일으켰고 상하이(上海)에 있는 일본영사관과 일본의 오사카 감옥에서 수감되었다가 일본에서 총살형으로 순국하였다. 홍코우 의거 당일까지 한인애국단에서는 의거 계획을 비밀로 하였기 때문에 다른 요원들은 위험을 인지하지 못했는데 프랑스 조계지 이유필 집에 갔던 안창호가 일본 경찰에 체포되어 한국으로 압송되었고 수감생활로 건강이 나빠져서 1938년에 세상을 떠난다.

일본 도쿄에서 이봉창의 폭탄이 불발되어 작전이 실패함에 따라 김구는 김홍일 장군과 중국인 샹츠타오(向次涛)에게 의봉창 의거 때보다 강력한 3.8kg의 수통 폭탄과 자결용 도시락 폭탄을 요청하여 입수하였었다. 윤봉길은 모형을 가지고 폭탄투척 연습을 했다고 한다. 김홍일은 중국군으로 별 2개에 한국군으로 별 3개로 '5성 장군'이라 불리는데, 6·25전쟁이 발발하자 한강 전선을 지켜 인민군이 이남으로 내려오는 시간을 늦춰서 6·25전쟁에서도 공을 세웠다. 당시 천장절 행사에 참석하는 인원에게 도시락을 가져오도록 안내했기 때문에 홍코우(虹口)공원을 문제없이 통과하여 행사장에 입장한다.

일본국가 마지막 소절을 부를 때 그는 단상에 있는 일본주요

인사에게 물통 폭탄을 투척하여 주변은 아수라장이 된다. 9사단장은 다리가 절단되고, 상하이파견군 대장은 사망하게 되고, 3함대 사령관은 오른쪽 눈을 실명하였고, 주중일본공사 시게미츠 마모루는 오른쪽 다리에 부상을 입게 된다. 장제스(蔣介石)는 "중국군 백만 명이 할 수 없는 일을 조선 청년 한 명이 했다."라고 하였고 이후 국민당정부는 임시정부에 지원을 하게 된다.

윤봉길은 상하이(上海)에 있는 일본교도소에 있다가 일본으로 가서 재판을 받고 가나자와 형무소에서 총살을 당한다. 시신은 인근 노다산 쓰레기소각장 입구에 암매장되었는데, 해방 후 일본에서 장기복역한 박열이 일본으로 가서 윤봉길, 백정기, 이봉창의 유해를 찾아왔다. 지금은 장춘단공원 삼의사묘에 모셔 있고 맨 가장자리에는 안중근의 유해를 찾으면 모시기 위해 가묘를 준비해 두었다.

在密苏里号上在投降文书上签字的重光葵外相(义举当时为驻中公使)
미주리호에서 항복문서에 서명하는 시게미츠 외상(의거 당시 주중공사)

▲ 시게미츠 외상의 서명 사진

홍코우(虹口) 의거에서 부상을 당한 시게미츠 마모루는 2차대전에서 패배한 일본정부 대표로서 1945년 9월 2일 미주리호에서 맥아더 장군 앞에서 항복문서에 서명하게 된다. 이 서류를 중국이 다음 날 접수받게 되어 중국에서는 9월 3일을 전승일로 기념하고 있고 한국은 일본 천황이 항복선언을 한 8월 15일을 광복절로 정해서 국경일로 운영하고 있다. 윤봉길의 장손녀 윤주경은 독립기념관장을 역임하고 국민의힘 국회의원을 하고 있다.

박열은 일찍 일본에 건너가서 아나키스트로서 여러 독립단체를 만들어 활동하였는데 1923년 9월 1일 관동대지진 때 일본은 자경단을 만들어 조선인학살이 자행하였다. 일본 경찰에서는 조선인의 영웅이면서 일본의 역적이 될 만한 인물을 잡아들이기로 하였는데 그 인물이 바로 박열이었다. 그는 일본 왕세자 폭탄 투척을 준비했다는 누명을 쓰고 부인인 가네코 후미코

▲ 샤오씽(绍兴) 루쉰(鲁迅)고택

와 함께 형무소에 잡혀 들어간다. 그는 정식재판을 요구하였고 조선관리 복장을 하고 부인은 치마저고리를 입었고 세계기자들이 보는 앞에서 조선어로 변론하였다. 사형판결 후 "대한독립만세"를 외쳤고 부인은 감옥에서 의문사하였다.

그는 사형판결을 받았으나 일본은 그를 영웅으로 만들기 싫어서 무기징역으로 감형하여 일본패망까지 22년간 복역을 하게 된다. 해방후 수감생활을 마치고 한국에 돌아와서 김구의 요청으로 삼의사를 일본에서 조선으로 모셔왔으나 6·25전쟁 때 납북되어 돌아가셨다. 이때 박열을 변호해 준 후세 다쓰지에는 2·8독립선언에서 한국인을 변호해 주었고, 해방 후 조선건국헌법 초안에 관심을 준 공을 인정받아 2004년 일본인 최초로 한국에서 건국헌장을 받았다.

루쉰(魯迅)은 춘추시대 월왕 구천의 와신상담(臥薪嘗膽)으로 유명한 샤오씽(紹興) 출신으로 좌익작가연맹을 이끌면서 『아큐정전(啊Q正传)』, 『광인일기(狂人日记)』를 쓴 작가로서 공산주의 활동을 전개하였다. 중국이 아편전쟁 이후 서양 열강에게 중국이 쇠락하는 모습을 총이 아닌 글로 표현했고 그에 동조하는 청년들은 일본에 저항하면서 신중국을 만드는 혁명을 전개하였다. 그가 동생 부인인 제수와 바람이 났다는 야사도 있지만 일제의 조선 지배를 반대하고 이회영과도 자주 만났다고 한다. 그는 백화문(白话文) 운동을 하면서 문어체의 글을 구어체로 쓰도록 하여 문학 방면에서 새로운 혁명을 일으킨 인물이다.

백정기의 육삼정(六三亭) 의거 자리

남화연맹의 백정기, 원심창, 이강훈이 일본 고위층이 일본 조계지에 있는 육삼정(六三亭)에서 저녁 식사를 한다는 소식을 듣고 그들을 제거하기 위한 작전을 짰으나 당일에 일본 첩자에 속아서 실패하게 된다. 백정기는 홍코우(虹口) 의거 당시 입장권을 구하지 못해 의거를 실행하지 못했으나 폭탄 소리를 듣고 상하이(上海)에 있는 다른 단체에서 의거를 일으킨 것을 알았다고 한다. 그는 일본에서 사형 집행되었고, 이강훈은 출감한 후 1946년 박열과 함께 일본에 가서 유해봉환단으로 활동했다.

안창호 연설 장소 홍덕당(鴻德堂)

홍코우(虹口)공원 앞쪽 뚜어룬루(多倫路)에 있는 홍덕당(鴻德堂)은 중국식 건축양식이자 동서양의 양식을 고루 갖춘 교회 건물로 안창호가 교민들을 상대로 연설했다고 알려졌다. 김구는 홍코우 의거 이후 홍덕당 목사였던 피치 목사의 집에 숨어있다가 변장을 하고 무사히 지아씽(嘉興)으로 피신 가게 된다.

좌익작가연맹기념관

좌익작가연맹기념관은 루쉰(魯迅), 딩링(丁玲), 뚜쥔후이(杜君慧) 등 좌익작가들이 모여서 활동한 곳으로 이곳에서 김염의 사진을 찾아볼 수 있다. 뚜쥔후이의 남편인 김성숙은 승려로서 임시정부에 참여하였고, 사회주의자이면서 아나키스트로서 김원봉의 의열단원으로 활동하였다. 베이징(北京)에서는 신채호, 님웨일즈와 함께 사회주의 잡지를 발행하였고, 광저

▲ 좌익작가연맹기념관

우(廣州) 중산대학에 입학하여 김원봉과 함께 장제스(蔣介石)를 만나 조선인들의 황포군관학교와 중산대학의 학비 면제를 약속받았으며 중산대학 1기 여학생이었던 뚜쥔후이(杜君慧)와 결혼하게 된다.

부부는 광저우(廣州)에서 상하이(上海)로 왔고 뚜쥔후이(杜君慧)는 좌익작가연맹에서 활동하고 김성숙은 지하활동을 전개하였다. 또한 난징(南京)에서 박건웅과 함께 민족혁명동맹 대표로 정

율성을 옌안(延安)으로 파견하게 하고 우한(武汉)에서 조선의용대를 설립하고 저우라이(周恩来), 동필무(董必武) 등 중국공산당 요인들과 함께 활동하였다. 그는 오직 독립을 위해 좌우에 치우치지 않은 활동을 했고, 1940년대에는 김원봉, 류자명 등과 함께 충칭(重庆) 임시정부 요원으로 활동하다가 해방을 맞이했다.

교통편을 구하지 못해 부인인 뚜쥔후이(杜君慧)와 세 명의 아들은 중국에 두고 본인만 한국에 돌아와야 했고 여운형, 김구, 김규식과 함께 한국의 좌우합작운동을 벌였으나 남과 북이 각각 정부를 세우면서 민족통합의 꿈은 사라지게 되었다. 그는 이승만과 박정희 정권의 독재에 대항하다 감금과 경찰조사를 받았고 정치 생활을 끝난 후에는 후배 집 한 편에 피우정이라는 작은 암자를 짓고 살다가 노환으로 세상을 떠나게 된다. 중국에 남은 뚜쥔후이는 남은 아이들을 잘 키웠고, 그녀의 손자와 손자며느리는 중국에서 유명한 피아니스트가 되었다.

중국 국기와 국가박물관

중국 국기는 오성홍기(五星红旗)라고 부른다. 홍색은 혁명, 가운데별은 공산당, 작은 별 네 개는 노동자, 농민, 소부르조아, 민족자본계급으로 구분한다. 1949년 국기선정위원회에서 공모하였고, 응모작 60개 중 쩡렌송(曾联松) 작품이 선정되었다. 그

의 고택은 티엔미루(甜蜜路) 루쉰(魯迅)의 고거 옆에 있다. 국가는
〈풍운아녀(风云儿女)〉라는 영화에 삽입된 의용군행진곡(义勇军行
进曲)인데 작곡은 니에얼(聂耳), 작사는 전한(田汉)이 한 작품이다.
국가전람실은 풍운아녀를 찍었던 영화촬영소 자리이다.

▲ 국가전시관

▲ 국기전시관

　우리나라의 국가는 안익태 작곡, 윤치호 작사로 둘다 친일파
고, 태극기 역시 철종의 사위이자 친일파인 박영효가 임오군란
을 해결하기 위해 일본에 가는 중 배에서 만들었다고 한다. 태
극기를 1882년 조미통상조약 때 청나라 외교관 마건충(马建忠)
이 만들었다는 주장도 있다. 애국가나 태극기는 시대가 지나면
서 활기차고 국가를 대표하는 모양으로 바꿀 수 있는 사회 분위
기가 형성되면 좋겠다.

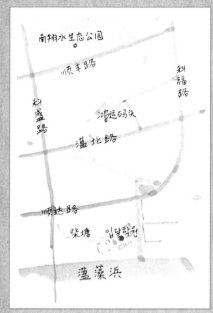

南翔水生态公园
顺丰路
科福路
科盛路
鸿运码头
蕰北路
顺达路
柴塘　압달학원
蕰藻浜

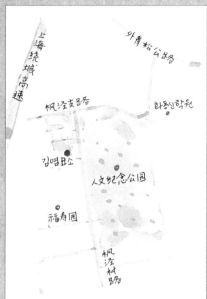

上海绕城高速
外青松公路
枫泾支路
화동신학원
김염묘소
人文纪念公园
福寿园
枫泾村路

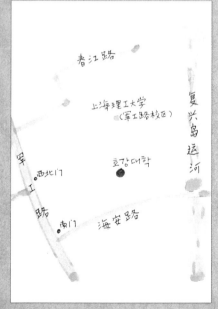

春江路
上海理工大学
（军工路校区）
复兴岛运河
军工路
西北门
호강대학
南门
海安路

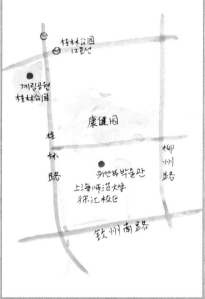

桂林公园
12호선
계림공원
桂林公园
康健园
桂林路
柳州路
위안부박물관
上海师范大学
徐汇校区
钦州南路

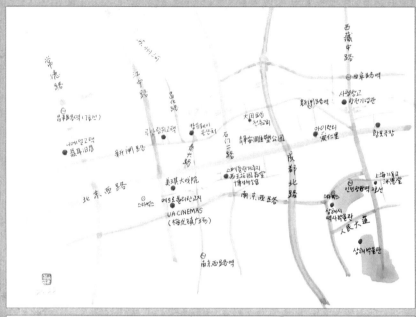

독립유적지 동행하기

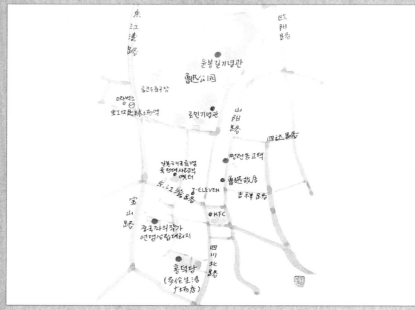

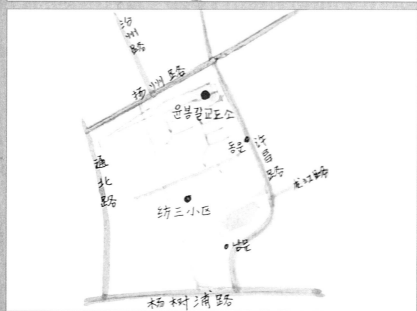

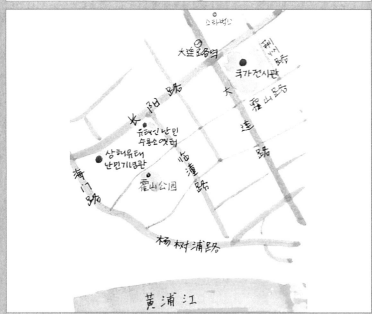

독립유적지 동행하기

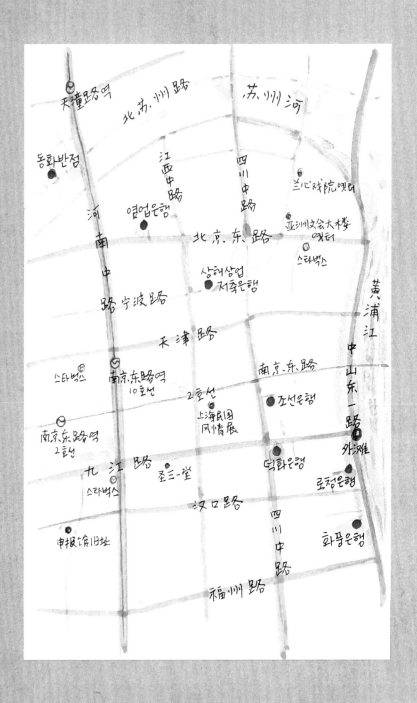

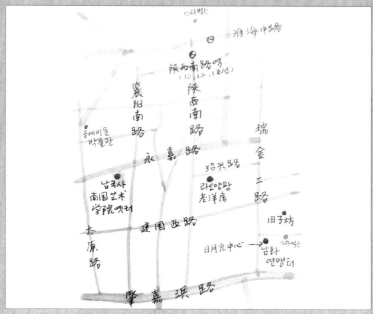

독립유적지 동행하기

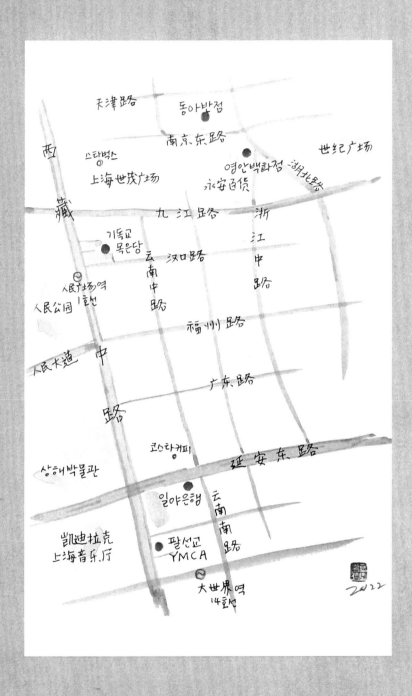

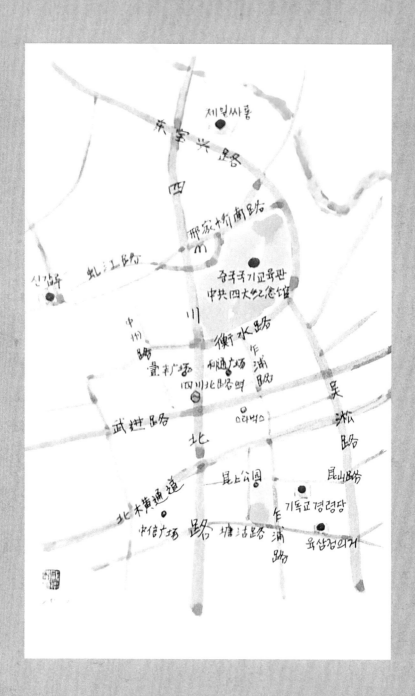

독립유적지 동행하기

한단

옌타이

웨이하이

칭다오

6장

화동 지역

옌청

양조우

쩐장

난징

쑤조우

상하이

지아씽

항조우

황산

샤오씽

닝보

화동 소개

중국에서는 산동성, 강소성, 절강성, 안휘성, 복건성, 강서성에 타이완(台湾)까지 포함한 지역을 화동지역으로 구분하고 있는데 대부분 황해와 동해와 타이완(台湾)해협을 끼고 있는 연안도시들로서 중국 경제개발을 통해 현재의 G2 반열에 올리는 데 공헌한 지역이다. 한국인이 알고 있는 도시 이름이 대부분 이곳에 있고 생산공장과 무역이 발달한 지역이다.

역사적으로 보더라도 외세 열강이 함선을 끌고 연안도시를 개항하게 되고, 그 지역에 자신들만의 조계지를 만들고 외국인이 살게 되면서 그들을 지키는 핑계로 경찰과 군대가 주둔하면서 각종 이권을 탈취해 간 지역이었다. 이에 대항하는 태평천국운동이 남경을 중심으로 일어나고 웨이하이(威海)에서 양무운동의 일환으로 함선들이 들어서기도 했다. 장제스가 1927년 난징(南京)에 국민당 정부를 수립하면서 이곳을 침략한 일본인들이 난징대학살이라는 악행을 저지른 곳이기도 하다.

통일신라시대 양저우(扬州)에서 최치원이 관리로 근무했던 이후 조선에서 최부가 표류해서 닝보(宁波)에 도착했다는 기록이 남아 있고 대한민국 임시정부가 상하이(上海)를 떠나서 난징(南京), 항저우(杭州), 쩐장(镇江) 등으로 옮겨가면서 그들의 흔적이 남아 있다. 김원봉을 중심으로 한 의열단과 민족혁명당이 훈련과 활동을 한 장소들이 남아 있다.

[웨이하이(威海)]

양무운동 기지 류공다오(刘公島)

아편전쟁을 겪은 청나라는 중국의 정신은 유지하고 서양의 무기기술을 채용하자는 중체서용(中體西用)의 기치로 개화사상인 양무운동을 시작하였다. 그 일환으로 북양함대가 만들었고, 여러 군함과 군인들이 살았던 곳이 웨이하이(威海)에 있는 류공다오(刘公島)다. 이곳에는 서양군대 체계와 무기를 전파하기 위해 외국 군인들이 교관으로 근무하였고 일부는 정착하기도 하였으며, 중국 자체의 군사력 증대를 목적으로 꾸며진 곳이다. 동시에 외국인의 휴양시설과 자녀 교육시설도 갖추었으며, 중국 내 최초 골프장이 지어진 곳이기도 하다.

▲ 류공도(刘公岛) 입구에 설치된 동상

아편전쟁 이후 청나라는 외세로부터 이권을 빼앗기는 상황에서 서태후의 사치와 향락으로 국방비 예산이 낭비되어 1894년 청일전쟁에서 패배하면서 양무운동은 실패로 돌아갔다. 그 결과로 시모노세키 조약이 체결되었다. 조선에서 1884년 갑신정변이 일어났고, 급진개화파는 청프전쟁으로 청나라 군대가 없을 것으로 예상함과 동시에 일본군의 지원을 믿고 우정국 방화사건을 일으켰으나 청군의 진압으로 3일 천하로 실패하고 당시 갑신정변 인물인 김옥균, 박영효, 서재필 등은 일본으로 피신을 가게 된다. 그 결과로 일본과 조선 간에는 한성조약을 맺고, 일본과 청나라는 바오딩(保定) 직예(直隸)총서에서 톈진(天津)조약을 맺게 되는데 그때 이토와 리훙장(李鴻章)이 만나게 된다.

톈진(天津)조약 때 이토 히로부미는 리훙장(李鴻章)에게 사전대비하지 않으면 큰일을 당할 거라는 말을 했고 10년 뒤 시모

독립유적지 동행하기

노세키에서 리훙장도 청일전쟁 패배가 청나라 내부에 있었다는 것을 인정하고 후회했다고 한다. 시모노세키 조약에는 배상금 청구, 타이완(台湾)의 일본점령 인정, 산둥반도 할양이라는 3가지 조항이 있었는데, 이후 러시아가 주동하여 독일, 프랑스를 끌어들여 일명 '3국간섭'으로 산둥반도를 다시 청나라에 돌려주게 되었고, 러시아는 뤼순(旅順)지역을 점령하게 되었다. 그로부터 10년 후 러일전쟁에서 일본은 러시아에 앙갚음하게 된다. 1894년 청일전쟁 때 일본은 3일 만에 청나라 사람 수천 명을 살상하였고 이를 기리기 위해 뤼순에 만충묘라는 추모관이 있다.

일본으로 건너간 김옥균은 갑신정변을 준비할 때 인연을 맺은 일본 관료와 지내면서 고종이 보낸 자객들을 물리치고 연금상태에 있다가 본토에서 멀리 떨어진 작은 섬에 유배되었다. 이곳에서 어린 꼬마를 알게 되고 이 꼬마는 성장하여 김옥균을 따르게 된다. 일본에서 사람들을 모아 다시 한번 조선왕조를 없애려는 모의를 하였으나 실패하고, 술과 여자에 빠져 살게 된다. 이런 김옥균을 당시 급진개화파 인사가 비난해도 그는 이들의 말을 듣지 않았다.

어느 날 홍종우라는 사람이 김옥균을 찾아와 본인이 리훙장(李鴻章)의 아들과 친분이 있는데 힘을 모아서 조선왕조를 없애자는 제안을 하였고, 그의 말을 들은 그는 배를 타고 상하이(上海)

▲ 상하이 소주허 변에 위치했던 동화양행 자리

에 도착하여 동화양행(東和洋行)에 묵게 되었다. 도착한 날 상하
이 중서서원에서 유학 중인 윤치호를 만났다. 다음날 홍종우는
김옥균의 주변에 사람이 없고 혼자 있을 때 총살하게 된다. 그는
고종이 보낸 자객이었던 것이다. 이후 김옥균의 시신을 두고 청
나라, 일본, 조선이 각각 소유권을 주장하게 되었으나, 결국에는
조선 양해진으로 옮겨지고 고종의 명령에 따라 사지가 절단되어
절단된 시신을 네 곳에 걸어두게 되었고 일본에서 같이 지내던
기생이 그중 일부를 수습하여 일본으로 가져가게 된다.

윤치호는 조선 말 고위 관료를 지낸 부친의 재력을 바탕으로 일본, 중국, 미국 유학을 다녀왔으며 한국에 돌아와서 독립협회 회장을 역임하였다. 이때 서재필을 비롯한 갑신정변 인물들을 알게 되었고, 지속적으로 조선의 개화를 주장하였으나 105인 사건으로 구속된다. 감옥에서 그는 일본에 전향서를 쓰고 친일인사가 되었는데, "조선인은 하등한 민족이고 일본은 선진민족이므로 일본의 정책을 따라야 하고, 강자에 순종해야 살아갈 수 있다."라고 주장하였다. 또한 3·1운동이 일어나자 "물지 못할 거면 짖지도 말라."라고 말하는 등 친일행각을 했고, 독립운동 무용론을 주장했다. 그는 애국가의 작사가로도 알려졌는데 작곡가인 안익태도 친일파다. 윤치호는 60년 동안 영어로 일기를 썼고 집안 대부분이 친일파인데 윤보선 대통령은 그의 사촌 동생이었다.

▲ 안익태가 만주환상곡을 연주한 장춘 예술극장

홍종우라는 인물은 조선 최초의 프랑스 유학자이다. 그는 프랑스에서 한복과 갓을 쓰고 학교를 다닌 것으로 알려지고 춘향전, 홍부전을 프랑스어로 번역했다고 한다. 고종의 밀명으로 김옥균 피살사건을 성공한 후 조선으로 돌아와 재판받지 않고 곧바로 고종이 석방시켜 주었다. 이후 친일파로 주요 관직을 돌면서 호의호식하다가 숨지게 된다.

홍종우가 프랑스에 있을 때 리진이라는 고종의 관기가 와 있었는데 참으로 기구한 운명의 여인이었다. 그녀는 당시 조선에 파견된 프랑스 영사인 쁘랭땅의 눈에 들게 되어 조선에서 같이 살다가 그와 함께 프랑스로 건너갔고 그때 홍종우를 만났을 것이다. 그녀는 남편과 연회에 참가하여 노래와 춤을 추며 잘 지냈으나 시간이 갈수록 작은 몸매와 언어 차이를 견디지 못하고 향수병이 걸렸다. 쁘랭땅이 다시 조선에 재파견될 때 꿈에 그리던 조선에 되돌아 왔으나 관기 신분임에 따라 다시 궁궐로 들어가게 된다. 그녀는 신세를 비관하여 금덩어리를 먹고 질식사했다고 한다. 한 여인을 사랑하고도 지키지 않고 팽개쳐 버린 나쁜 남자 쁘랭땅에게는 한국과 또 다른 인연이 있다.

그는 자신이 한국에서 프랑스로 가져간 여러 문서, 문화재를 죽기 전에 친구에게 넘겼고 친구는 그 문화재를 프랑스 국립박물관에 기증하게 되었는데 그 물건 중 하나가 직지심체요절이라는 세계 최초 금속활자라는 것이다. 서울대학교를 졸업한 박병선은 1955년 한국 최초로 유학비자를 발급받고 프랑스에 유학을 갔는데, 떠나기 전 교수님께 "잃어버린 문화재를 꼭 찾아오라."라는 말씀을 듣게 된다. 박사과정을 마친 그녀는 프랑스

국립박물관 사서로 근무하면서 병인양요 때 프랑스가 가져간 직지심체요절을 찾았고, 1975년 박물관 별관에 보관된 외규장각 의궤도 발견하게 된다. 외규장각 의궤는 2011년에 145년 만에 대여 형태로 한국에 들어오게 되고, 그녀는 그해 독신으로 세상을 떠난다. 중국 어딘가에도 위안스카이(袁世凱)가 조선에서 가져온 물건이 있을 수 있고, 청일전쟁이나 그전에는 조선에서 가져온 문화재들이 어딘가 기록되어 있을 것이니 중국 고서점이나 박물관에 가면 관심 있게 봐야 할 것이다.

독립유적지 동행하기

[옌타이]

조계지 옌타이(烟台)산

  옌타이(烟台)는 산동성 끝자락으로 웨이하이(威海)에서 1시간 거리에 위치해 있고, 주로 옌타이)산에는 외국영사관과 교회 등이 있었고, 박물관에는 1901년 조선영사관이 운영되고 있었다는 기록이 전시되어 있다. 서양 세력이 대부분 해안을 따서 형성된 도시에 조계지를 만들고 생활했기 때문에 옌타이산 인근에도 조계지가 형성되어 있다. 텐진(天津)과 상하이(上海) 조계지가 은행과 무역상 위주였다면 옌타이 조계지는 작은 자치구 정도라고 볼 수 있을 것 같다. 고대에는 진시황제가 3번의 순행을 했던 곳으로 알려졌고, 함양에서 이곳까지 마차를 타고 와서 발해만을 향해 제사를 지냈다고 한다. 이곳 주민들이 진시황제 순행에 지친 백성들은 그가 4번째는 오지 말았으면 하는 마음으로 지부(芝罘)라는 이름으로 이곳의 지명을 부르기도 한다.

▲ 연태산

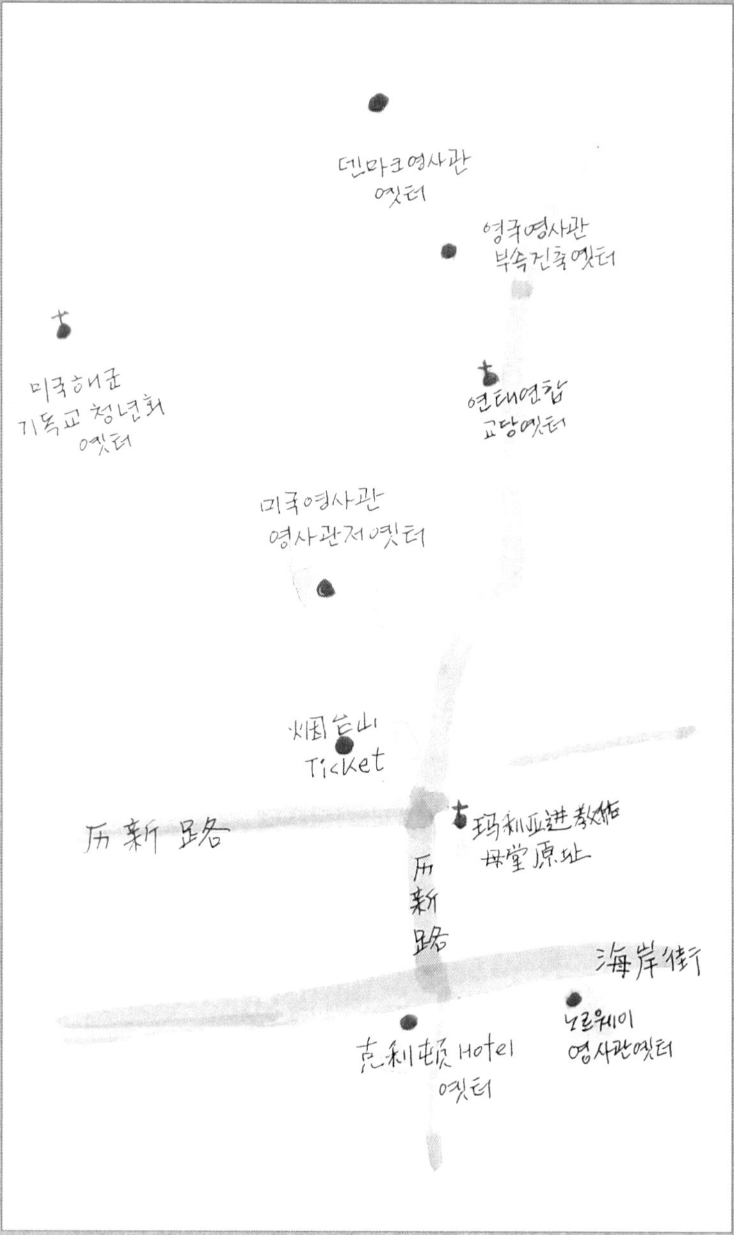

덴마크영사관
옛터

영국영사관
부속건축 옛터

미국해군
기독교 청년회
옛터

연태연합
교당옛터

미국영사관
영사관저 옛터

烟台山
Ticket

历 新 路

瑪利亚进教佑
母堂原址

历
新
路

海岸街

克利顿 Hotel
옛터

노르웨이
영사관옛터

독립유적지 동행하기

[난징(南京)]

정율성을 키워낸 천녕사(天宁寺)

천녕사(天宁寺)는 1932년부터 1935년까지 의열단장 김원봉이 국민당 정부의 지원으로 난징(南京)에 설립한 조선혁명정치군사 간부학교 터가 남아 있는 곳이다. 그곳에서 김학철, 이육사, 정율성이 졸업하였고 류자명과 김구가 강의하기도 했다. 당시 난징 금릉(金陵)대학에서 민족주의 계열와 사회주의 계열 7개 당이 모여 조선혁명당을 만들었다가 분열되었고 일본의 난징침략 이후 1938년 김원봉은 호북성 우한(武汉)으로 집결하여 조선의

▲ 천녕사(天宁寺)

용대를 만들었다. 임시정부는 국민당의 지원으로 창사(长沙), 류저우(柳州) 등을 거쳐 충칭(重庆)까지 이동하였고 충칭에서는 한국광복군 설립 시 저우라이(周恩来), 동비우(董必武)가 참석한 것을 보면 공산당의 지원도 있었던 것이다. 천녕사(天宁寺)는 난징에서 20㎞ 떨어진 시골 마을 산골에 위치해 있고 지금은 도교 사당으로 사용되고 있다. 난징에는 의열단 숙소로 사용되었던 호가호원(好家好園)이 있는데 정율성은 이곳에 살면서 오월문예사회원으로 활동하면서 음악가로 성장하게 된다.

리지샹(利济巷) 위안부박물관

1937년 2차 중일전쟁이 일어나고 일본의 중국침략이 본격화되면서 군인들을 위안한다는 목적으로 위안소가 설치되었는데 그중에 난징(南京) 리지샹(利济巷) 위안소는 동양 최대규모고 이곳에 홍콩, 베트남, 타이완(台湾), 네덜란드 여성도 있었지만 조선 여성이 절반을 넘었다고 한다. 2003년에 재개발하던 이곳을 방문한 박영심

▲ 리지샹 위안부박물관

　　　　　　　　　　　독립유적지 동행하기

할머니가 본인이 지냈던 방이 B동 19번이라고 하자 재개발이 멈추고 2015년에 박물관이 생기게 되었다. 내부에는 당시 일본군과 위안부들이 사용했던 물건들이 있고, 마지막 문 앞에는 할머니의 눈물을 닦는 장소가 있어 마음을 아프게 한다.

걸어서 10분 거리에는 장제스(蔣介石)의 난징(南京)정부 건물인 총독부가 있는데 이곳은 1차 국공합작 후 북벌하던 중 1927년 4월 11일에 장제스가 청당운동을 벌여 공산당과 국민당 내 좌익들을 축출한 후 국민당 정부 기관이 활동했던 장소이다. 베이징(北京)보다 훨씬 아래쪽인 난징에 정부가 있어서 동북에서 생겨난 일본의 침략에도 무감각하고 만주 괴뢰국도 용인하고 동북군벌 장쉐량(张学良)에게도 일본에 대항하지 말라고 했던 것이다.

일본은 1937년 7월 7일 베이징(北京) 루코우치아오(卢沟桥) 사건을 일으켜 대규모 중국 대륙 침략을 감행하였고 상하이(上海)에서 쉽게 승리할 줄 알았으나 사행창고(四行厂库) 저항을 그린 중국영화 〈빠바이(八百)〉에서처럼 국민당군의 저항이 거세 시간과 병력에 있어 큰 손실을 입게 된다. 상하이 함락 후 난징의 국민정부 주요 요원은 우한(武汉)으로 대피한 상태에서 당시 국민당군 사령관이 투항을 거부하자 일본은 이에 분개하여 1937년 12월부터 1938년 2월까지 난징대학살을 일으켜 살인, 강탈, 강간으로 30만 명의 백성을 도륙하게 된다.

주화한교선무단

　난징(南京)에 김구 거주지로 잘못 표기된 주택이 있다. 이곳은 일본패망 후 중국에 있는 한국인을 무사히 귀국시키기 위해 1945년 10월 15일 임시정부가 만든 주화한교선무단이 활동했던 장소이고, 단장은 박찬익이 맡았다. 현재는 중국인이 살고 있고 대문 옆에 표지석이 설치되어 있다.

▲ 주화한교선무단 활동지

　박찬익은 신규식, 신채호 등과 함께 동제사를 설립하여 초기 상하이 민족운동을 이끌었고 박달학원을 설립하여 청년들의 교육활동을 하였다. 그의 막내아들 박영준과 신규식의 조카딸 신순호가 결혼하여 독립운동가 집안끼리 사돈이 되었고 본인, 아들, 사돈이 모두 동작동 국립묘지에 모셔져 있다. 박달학원은 상하이(上海) 명덕리에 있었다는 기록이 있고, 명덕리는 현재 두 곳을 찾았는데 어디인지는 확실하지 않다.

두 명의 조선인이 묻힌 항일공군묘역

난징(南京) 항일공군 묘역은 잘 알려지지 않은 한국인의 흔적
이 있는 곳이다. 국민당 정부가 운영했던 공군에 가입하여 일본
군과 싸우기 위해 훈련하던 도중 돌아가신 전상국, 김원영이라
는 한국인이 소개되어 있다.

▲ 상하이에 있는 명덕리

비슷한 시기 한국 최초 여성비행사인 권기옥은 운남항공학교
1기생으로 국민당군의 비행사를 하였고, 총 비행시간이 7천 시
간이었다고 한다. 그녀는 3·1운동을 피해 상하이(上海)에 와서
임시정부에서 일하다가 비행사가 되었으며 난징(南京)에서 일
본경찰에 체포되어 옥고를 치르고 시「빼앗긴 들에도 봄은 오는
가」로 유명한 시인 이상화의 형인 독립운동가 이상정과 결혼하
였다. 해방 후 그녀는 한국에서 여성활동 및 재향군인회 활동을
하다가 세상을 떠났다. 임시정부 초창기 요원이자 김필순의 친

구었던 노백린은 미주에 비행사양성소를 운영하려고 했으나 실패하였고, 일본에서 민간비행자격 시험에 합격한 안창남도 비행사와 연관이 있다.

▲ 난징(南京) 항일항공 열사기념관

민족혁명당 설립지 금릉(金陵)대학

  난징(南京)대학 안에는 금릉(金陵)대학이라는 예전 표지석이 있는데, 이곳에서 여운형, 서병호, 김원봉이 대학을 다녔으며 미국 여류작가 펄벅이 교수로 재임했다. 1935년 이곳의 강당에서 7개 정치조직이 모여서 조선혁명당을 만들었고 김원봉을 대장으로 추대하였으나 이후 임시정부를 비롯한 각 단체가 조직에서 탈퇴하고 각자의 노선을 걸었고, 우한(武汉)으로 행동 지역을 옮기게 된다.

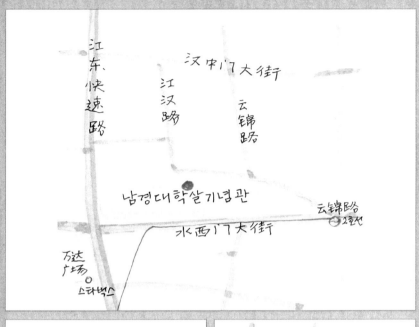

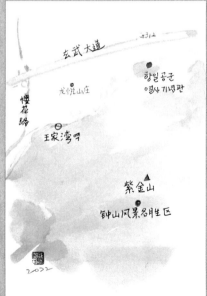

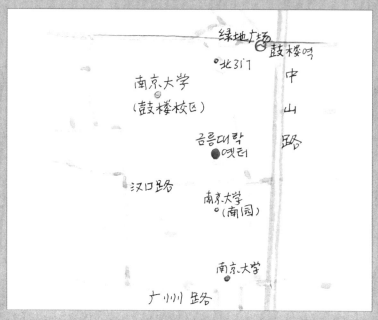

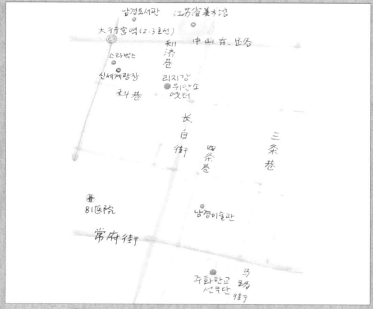

독립유적지 동행하기

[쩐쟝(镇江)]

임시정부기념관

　쩐쟝(镇江)에는 임시정부가 잠시 머물렀던 피난처가 있고 펄
벅이 살았던 고택이 있다. 그녀는 선교사인 부모를 따라 중국
에서 살면서 『대지』라는 소설로 노벨문학상을 수상한다. 그녀
는 한국의 근현대사를 다룬 「흔들리는 갈대」라는 소설을 쓰기
도 했는데 이 소설은 근대 한국을 배경으로 봉건사회 타파와 민
족주의운동 그리고 사회주의운동을 3대에 걸쳐 쓴 소설로써 그
시절 재일한국인을 다룬 『파친코』와 비슷한 이야기다.

▲ 임시정부기념관

독립유적지 동행하기

[지아씽(嘉興)]

주애보와 생활한 김구 피난처

1932년 홍코우(虹口)공원 의거 이후 김구는 피치목사집에 피난해 있다가 박찬익 등 요원들과 함께 기차로 지아씽(嘉興)으로 피신하였는데, 당시 현상금이 60만 원이었다고 한다. 그곳에서 상하이 법학원장을 지낸 국민당 간부인 쭈푸청(褚輔成)을 만나서 1936년까지 광저우(广州) 출신의 처녀인 쭈아이바오(朱愛宝)와 함께 부부행세를 하면서 낮에는 배를 타고 서호에 있다가 밤이 돼서야 집으로 돌아오는 힘든 시간을 보냈다. 그곳에는 김가진의 아들인 김의한과 그의 부인 정정화와 아들 김자동이 같이 생활했다. 김구는 난징(南京), 항저우(杭州)를 오가며 독립운동을

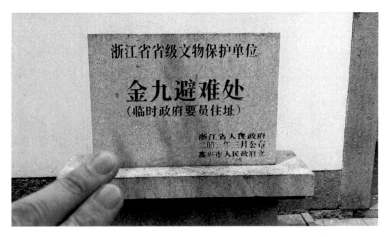

▲ 지아씽(嘉興) 김구 피난처

하였고 사회주의 계열의 확장으로 임시정부는 세력은 약화되고 1937년 일본의 대륙침략으로 임시정부는 창사(長沙)로 피신을 가게 된다. 김구는 쭈아이바오와 난징에서 헤어질 때 그녀에게 가진 돈이 100원밖에 없어서 그 돈을 건넸으나 5년 동안 그를 돌봐준 것에 비해 너무 적은 돈이어서 항상 미안한 마음을 갖고 있다고 한다.

피난처에는 김구의 둘째 아들 김신이 쓴 〈음수사원(飲水思源) 한중우의(韓中友宜)〉라는 글씨가 전시되어 있다. 물을 마실 때 그 근원을 생각하라는 뜻으로 지금의 한국이 있는 것과 본인이 있는 연유를 찾아가다 보면 모두 쭈푸청(褚輔成) 일가의 덕분이고 중국의 도움이었다. 그래서 한국과 중국은 좋은 친구라는 의미일 것이다. 기념관 맞은편에는 춘추전국시대 오나라 때의 서시와 범려의 고사를 소개한 사당이 있다.

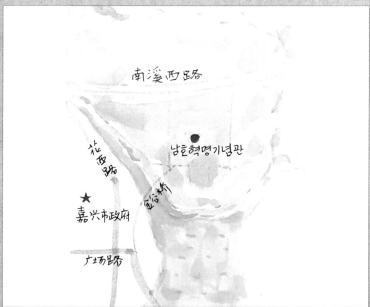

[항저우(杭州)]

임시정부기념관

　김구가 지아씽(嘉興)에 피신해 있
을 때 임시정부 요인들은 1932년부
터 1935년까지 항저우(杭州) 서호
옆에서 자리를 잡고 임시정부 활동
을 하였으며 가족들은 사흠방(思鑫
坊)과 오복리(五福里)에 살았다. 이
곳에 먼저 자리를 잡은 김철은 아
쉽게도 1934년 폐렴으로 사망하여
장례식을 치른 후 서호의 악비(岳
飛) 사당 옆 공동묘지에 묻혔으나
지금은 찾을 수 없다. 그는 전남 함

▲ 항저우(杭州) 임시정부기념관

평사람으로 그의 생가에는 상하이(上海)임시정부를 본떠 만든 전
시실이 있다. 건물 뒤뜰에는 단심송이라는 소나무가 있는데 김철
을 감시하기 위해 일본 경찰의 방문이 잦아지자 부인이 본인 때
문에 독립운동에 방해가 되어서는 안 된다고 목을 맸다는 데서
유래된다.

　악비(岳飛)는 중국 사람이 가장 존경하는 남송 시대 장군인데
진충보국(盡忠報国)으로 금나라를 무찔렀으나 그를 음해하는 진

회(秦檜) 부부의 거짓 고발로 억울하게 죽게 되었다. 이후 진회 부부는 전 중국인의 배신자이자 미움의 화신이 되었는데 악비 묘에 설치된 진회 동상을 향해 중국인은 침을 뱉고 뺨을 때리고 욕을 하기도 한다. 진회의 이름에 있는

▲ 진회 부부 동상

회(檜)라는 한자는 중국인들이 쓰지 않는 한자가 되어버릴 정도이다.

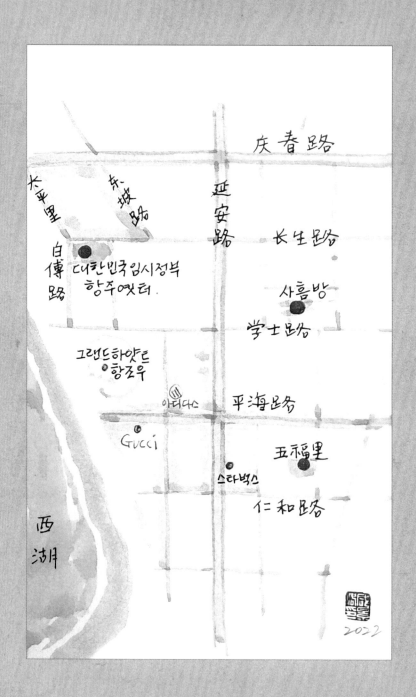

독립유적지 동행하기

[쑤저우(苏州)]

안창호와 이승만이 다녀간 졸정원(拙政园)

쑤저우(苏州)는 상하이(上海)와 가까운 휴양도시이고 중국 4대 정원 중 하나인 졸정원(拙政园)은 명나라 재상이 "정치는 졸렬하고 부질없다."라는 의미로 이름을 붙인 정원이다. 이곳은 임시정부 시절 겨우 3개월 정도 상하이에 있던 이승만이 미국으로 다시 돌아가기 전에 들렀던 곳이고, 안창호와 김마리아가 다녀간 곳이다. 세 인물이 졸정원의 뜻을 알고 갔는지 모르겠다. 쑤저우 박물관에는 태평천국 시기 충왕이었던 이수성(李秀成)이 살았던 장소가 있는데 그는 농민들을 잘 다스렸다고 하고 도올 김용옥 교수가 존경하는 분으로 알려져 있다.

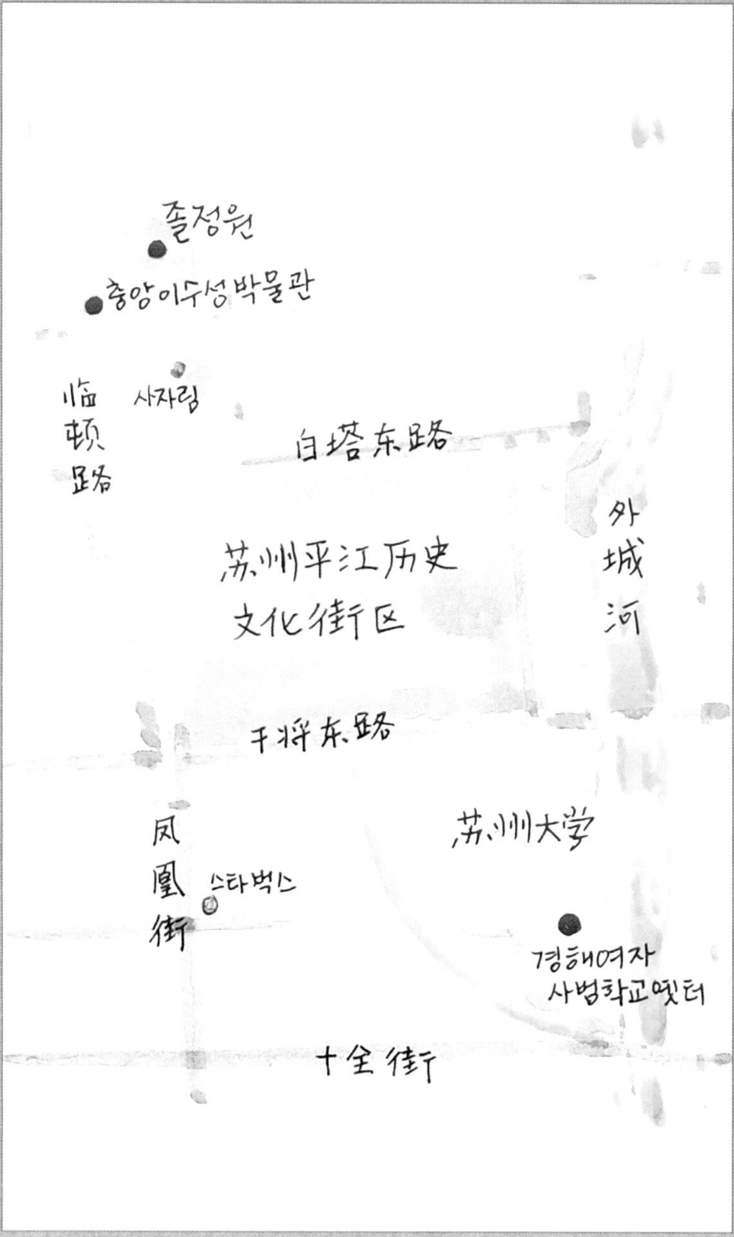

졸정원

● 충앙이수성박물관

临
顿
路

사자림

白塔东路

苏州平江历史
文化街区

外
城
河

干将东路

凤
凰
街

스타벅스

苏州大学

경해여자
사범학교옛터

十全街

[닝보(宁波)]

최부의 표해록을 전시한 닝보박물관

닝보(宁波)는 예전 명주(明州)라고 불렸고, 조선에서 조난당하면 해류에 따라 도착하던 곳이 주로 닝보(宁波) 쪽이였는데 닝보박물관에 가면 조선시대 최부라는 관리가 표류한 기록을 전시해 두었다. 그는 제주도에서 추노를 관리하였는데, 전남 나주에 사는 부친이 별세했다는 소식을 듣고 악천우 속에 제주도에서 배를 띄웠으나 풍랑으로 인해 망망대해를 헤매다가 도착한 곳이 닝보였다.

▲ 닝보(宁波)박물관에 있는 최부표류기 소개

그는 부친상임에 따라 상복을 입고 있었는데, 명나라에서는 왜구로 오인을 하여 그들을 심문하였고 신분 확인을 위해 베이징(北京)까지 대운하를 타고 배로 이동하고 또는 육로를 따라 걸어서 베이징에 도착하였다. 그는 명나라 황제에게 허락을 받아 조선으로 돌아오게 되는데 그때 조선의 국왕은 세조였다. 그동안 있었던 일을 기록하여 표해록을 만들게 된 것이다. 최부는 이후 다시 한번 명나라 사신으로 다녀왔으나 연산군 때 벌어진 갑자사화에서 목숨을 잃게 되고 중종 때 명예를 회복한다.

닝보(宁波)에는 통일신라 해상왕 장보고와 고려시대 의상대사에 대한 소개가 여러 박물관에 있다. 또한 심청이 아버지의 눈을 뜨게 하기 위해 인당수에 빠져서 환생했다는 심청전의 고사와 똑같은 이야기가 닝보에도 있는데 닝보 앞바다를 인당수라고 하고 심씨 집성촌이 있다.

문순득이라는 인물도 표류에서 살아남은 조선인이다. 그는 1801년 흑산도에 사는 홍어 장수인데 풍랑을 맞아 일본 오키나와에서 9개월을 살고, 조선에 갈 배를 탔으나 또다시 표류하게 된다. 표류 끝에 필리핀 비간섬에 도착하여 10개월을 살다가 화물선을 타고 마카오에 도착한 후 걸어서 베이징(北京)을 지나 3년 만에 고향인 흑산도에 도착한다. 오키나와와 필리핀에서 그들이 쓰는 말을 배우고 직접 노동을 해서 그 지역 사람들에게 먹을 것을 얻어먹으며 버텼고 마카오에서 성당과 화폐와 상선을 보게 되었는데 조선에서 볼 수 없었던 신기한 것들을 그는 보게 되는 기회를 얻은 것이다. 역사 기록상 마카오를 본 조선인은 문순득이 최초일 것이다.

 흑산도에 유배와 있던 정약전이 그의 이야기를 듣고『표해시말(漂海始末)』이라는 책을 쓰게 된다. 정약전은『자산어보』를 집필하기도 하였다. 이후 제주도에 표류해온 국적을 모르는 어부들을 만나 그가 기억하는 필리핀어로 통역해서 고향으로 돌려보냈다. 덕분에 순조에게 공명첩을 받아 양반이 되었다. 강진에 유배된 정약용과 흑산도의 정약전 편지를 배달해 주기도 했는데 정약용의 제자 이강회는 문순득이 마카오에서 보고 온 배에 대한 설명을 들은 후『운곡선설』을 쓰게 된다. 신안군 우이도에 그의 5대손이 살고 있었고 순천대학교 최덕원 교수가 다락방에서『표해시말』을 발견하여 세상에 알려졌고, 영화〈자산어보〉에서 3분간 그의 이야기가 소개된다.

 마카오는 포르투갈이 점령했던 도시다. 인도의 후추가 유럽에 알려졌고 이슬람의 방해로 후추가 귀해지자 포르투갈인들은 해로를 이용해 인도에 가서 후추를 구하게 된다. 동쪽으로 더 가다가 물과 먹을거리를 보충하기 위해 중국 남단 지역을 들르게 되고 이후 그곳을 점령하게 되는데 그곳이 마카오다. 이후 영국, 네덜란드가 동인도회사를 설립하여 대항해시대를 열고 무역업을 하게 되었다. 더욱 동쪽으로 가서 일본과 교역을 하는데 이때 조총을 일본이 사들였고 이후 임진왜란이 발생하게 된다. 임진왜란 때 일본에 있던 포르투칼 신부가 마산에 도착했는데, 그가 한국에 최초에 도착한 서양 신부라고 할 수 있다. 임진왜란 당시 조선을 돕기 위해 온 명나라 지원병 중에 흑인도 있었는데 그들은 마카오를 통해 건너온 것으로 알려졌다. 홍콩과 마카오는 1997년과 1999년에 각각 중국에 반환되었고, 일국양제라는 중국식 관리체계로 운영되는 특별자치행정구가 되었다.

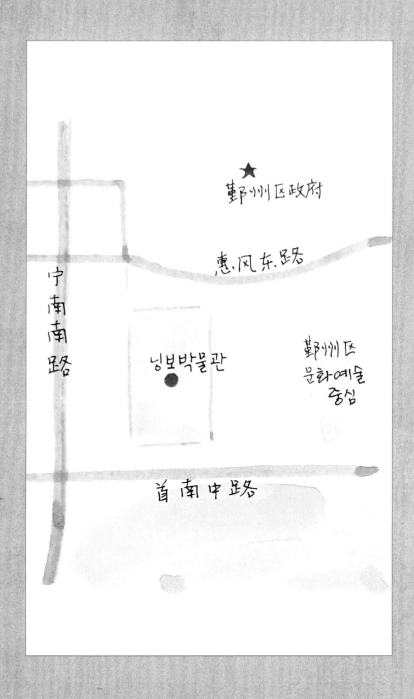

[양저우(揚州)]

통일신라시대 유학생 최치원기념관

　양저우(揚州)는 볶음밥으로 유명한 곳이지만 그곳에는 통일신라 최치원이 어린 시절 당나라에 유학을 와서 정부 관리로 근무했던 곳으로 박물관에는 의외의 인물인 전두환 기념식수가 있는데 자료를 찾아보니 한중수교 15주년을 기념하여 이곳에 식수하였다고 한다. 최치원은 부산에 있는 해운대라는 이름을 명명하기도 하였다. 최치원의 후손이 경주 부자이자 노블레스 오블리제의 최준 선생이다.

堡城路

西华门

西华门路

● 최치원
기념관

● 扬州唐城
유적박물관

平山堂东路

짇音山

SULICOFE

에필로그

2022년 3월 14일부터 시작된 코로나 봉쇄가 5월 31일에 끝나게 되었다. 낮에는 재택근무를 하고 식사도 혼자 하면서 밖으로 나가지 못하는 현실에서 마음도 어두워지고 답답한 마음에 혼자 노래도 불러보고 춤도 춰봤지만 무려 2달이 넘어가는 상황을 이겨내기에는 힘겨운 시간이었다. 그나마 내가 글을 쓰기로 마음먹은 만큼 그동안 찍었던 사진을 살펴보고 인물과 사건을 정리하다 보니 지리한 봉쇄도 끝나고 하나씩 정상화되어 가는 일상에 고마움을 느낀다.

디아스포라(Diaspora)는 본지를 떠나 타지에 살아가는 민족집단과 지역을 의마한다. 책에 소개된 많은 조선인들은 중국땅에서 한민족임을 잊지 않고 고국을 그리면 살아간 우리 선조들이었다. 만약 코로나로 한중간의 교류가 막히게 되면 나도 제2의 조선족으로 중국 땅에서 살수도 있고, 한국에 있는 조선족들이 한국인으로 살수도 있다.

조선시대 문순득이나 최부 같은 인물이 조선으로 무사히 돌아가서 『표해시말』을 썼기에 재미난 표류 얘기를 할 수 있지만, 만약 그들이 오키나와 필리핀이나 중국에 정착했다면 그들은 그냥 조선 출신의 외국인이었을 것이고, 네덜란드 벨테브레(박연)도 그냥 조선인이었을 것이다.

중국에서 살다 간 우리 선조들이 대부분 독립운동을 하면서 사건을 만들고 장소를 남긴 것이기에 나는 그곳을 찾았고, 또 중국 위인들의 사건에 같이 동참하거나 관련된 조선인들이 있는지 박물관과 사료들을 찾아다녔던 것이다.

이 책을 읽은 분들께서 갑자기 애국심이 생기고 독립운동가를 섬기는 마음이 생기는 것은 바라지 않는다. 그저 중국에서 살면서 그곳을 가게 되면 이런 일이 있었고 그때 참가한 선조들의 숨결과 느낌을 잠시 가졌으면 하고 그곳을 다른 분에게 소개해 준다면 이 책을 쓴 보람이 생길 것 같다. 그리고 인터넷으로 한 번 더 내용을 찾아본다면 역사에 대한 관심이 생긴 것이니 더없이 좋은 일이라고 생각한다.

중국에 계속 근무한다면 예전에 출장으로 갔던 우한(武汉)과 가족여행으로 갔던 광저우(广州)를 한 번 더 가서 조선의용대의 흔적과 황포군관학교를 방문해 볼 생각이고, 주말에 시간을 내서 헌책방과 도서관에서 중국 땅에 있었던 조선인의 사건과 인물, 장소를 찾는 것을 계속할 것이다.

끝으로 중국에서 활동하다 남과 북에 흩어지거나 중국 국적으로 살아갔던 인물들의 만남과 인연을 엮어서 생애 첫 번째 소설을 써 볼 생각이다. 한국, 북한, 중국에서 개별로 활동했던 위인 중에서 한 명을 찾아서 김염, 정율성, 최승희, 손기정, 김규식 등과 함께 한국, 북한, 중국, 일본, 미국, 몽골, 독일 등을 무대로 한 소설을 써 보고 싶다.

항상 도전하고 경험해 보는 것이 인생의 참 맛이니까…….

독립유적지 주소목록

지역	구분	이름	주소	책내용
텐진시	하북	천자진도	天津市红桥区金华桥东(近大胡同)	천진이름 발원지
		화북이공대학	天津市红桥区光荣道河北工业大学东院内	북양대학
		여조당	天津市红桥区怡华路吕祖堂天津义和团纪念馆	의화단운동
		각오사	天津市河北区三马路三戒里49号	류비청활동지
	하이허	원세개 고택	天津市河北区海河东路39号	임시대총통
		이숙동 고택	天津市河北区粮店后街60号	다재다능한 스님
		망해루교당	天津市河北区狮子林大街292号(近海河)	의화단에 의해 방화
		양계초 고택	天津市河北区民族路4446号	변법자강운동
		단기서 고택	天津市和平区鞍山道38号	북양정권 수장
		김현택 고택	天津市和平区睦南道77号	중국종양학의 아버지
		정원	天津市和平区鞍山道59号	푸이 거주지
		양시태사진관	天津市和平区台儿庄路与开封道交叉口西北100米	흥선대원군 사진촬영 추정지
	시내	해하중학	天津市河西区南京路5号	김원봉이 다닌 덕화학원
		김현택 흉상	天津市河西区宾水道45号增1号	천진종양의료센터
		남개대학	天津市南开区卫津路94号南开大学	김염,김산이 다닌 학교
		주은래 박물관	天津市南开区水上公园西路9号	친이,정설송을 보살핀 인물
		해광사	天津市和平区多伦道185号	천진조약체결지
		남개중학	天津市南开区南开四马路36号	김염,김산이 다닌 학교
		불변단활동지1	天津市和平区南京路108号	독립운동 활동 추정지
		불변당활동지2	天津市和平区山西路153号	독립운동 활동 추정지
		교통반점	天津市和平区和平路恒隆广场东南侧	안창호선생 숙박 장소
		조선은행	天津市和平区承德道15号	일본이 운영한 은행
	시외	곽원갑기념관	天津市西青区团泊大道精武门·中华武林园	중국 무술 고수

지역	구분	이름	주소	책내용
텐진시	시외	포구박물관	天津市滨海新区炮台路大沽口炮台遗址博物馆	아편전쟁 관문
화북	베이징	일본교도소 자리	北京市东城区东厂胡同28号	이육사 순국지
		이화원 소와전	北京市海淀区新建宫门路19号颐和园内	김학철 거주지
		중안지가호텔	北京市东城区盔甲厂胡同6号	에드가 스노우 숙박 장소
		54운동발원지	北京市东城区前赵家楼胡同1号	21개조항 폐지운동
	바오딩	육군군관학교	河北省保定市莲池区东风东路585号	무정장군 졸업학교
		청하도서	河北省保定市莲池区兴华路283号	흥선대원군 유배지
		직예제2사범학교	河北省保定市莲池区西下关街50号	김산 교사시절 학교
		육덕중학	河北省保定市莲池区金台驿街86号	유럽파견 화공 교육 학교
		직예총감서박물관	河北省保定市莲池区裕华西路301号	이홍장 활동공간
	한단	혁명열사묘역	河北省邯郸市邯山区陵园路62号	윤세주 묘소
		좌권장군묘	河北省邯郸市邯山区晋冀鲁豫烈士陵园内	진광화 묘소
		염파인상여기념패	河北省邯郸市丛台区城内中街12号甲4号	부형청죄,문경지교 고사
		조선의용군 병원구지	河北省邯郸市涉县乐康幼儿园东北侧约250米富民货栈	이화림선생 활동지
		조선의용군 활동구지 1	山西省晋中市左权县二零七国道上武村	조선의용군 표지석
		조선의용군 활동구지 2	山西省晋中市左权县云头底村	조선의용군 표지석
동북	따롄	만충묘	辽宁省大连市旅顺口区九三路23号	일본군 대량살상지
		여순감옥	辽宁省大连市旅顺口区向阳街139号旅顺日俄监狱旧址博物馆内	안중근의사 감옥
		여순법원	辽宁省大连市旅顺口区东明街与中央大街交叉路口西北侧	안중근의사 재판장소
	단동	이륭양행	辽宁省·丹东市·元宝区·兴隆前街1号楼	죠지쇼가 운영한 선박 회사

지역	구분	이름	주소	책내용
동북	단동	압록강단교	辽宁省丹东市振兴区十纬路5号	6.25전쟁시 파괴된 다리
	선양	918박물관	辽宁省沈阳市大东区望花南街46号	일본의 대륙침략 시작
		남탑공원	辽宁省沈阳市沈河区南塔街	조선인 노예시장이 열린 곳
		심양고궁박물관	辽宁省沈阳市沈河区沈阳路171号	소현세자 거주지
		북릉공원	辽宁省沈阳市皇姑区泰山路12号	청타이지 묘소
	푸순	전범수용소	辽宁省抚顺市顺城区宁远街43号	만주국간부와 푸이 수형생활
	장춘	만보산사건 기념비	吉林省长春市宽城区马哨口	청나라와 조선인 간 다툼발생
		신경대학	吉林省长春市南关区人民大街7655号	최규하 다닌 학교
		만주군관학교	吉林省长春市二道区拉拉屯	박정희 다닌 학교
		징웨탄	吉林省长春净月开发区净月大街5840号	만주국 상수원
		위만황궁	吉林省长春市宽城区光复北路5号	만주국 청사
		장춘영화박물관	吉林省长春朝阳区红旗街1118号	김염.친이 사진
		합니하	吉林省通化县通化镇光华镇	신흥무관학교 자리
		삼원보	吉林省通化市柳河县三源浦朝鲜族镇	신흥무관학교 자리
		농안요탑	吉林省长春市农安县宝塔街与黄龙路交汇处	731부대 세균 배포 지역
	지린	의열단창립지	吉林省吉林市船营区光华路57号	김원봉 등 13명 참여장소
		김동삼피살지	吉林省吉林市船营区怀德街70号1号楼	만보산 오보낸 기자
		육문중학	吉林省吉林市船营区松江中路101号顺城	김일성 다닌 학교
	옌지	백두산 서파	吉林省白山市抚松县松江河镇	백두산 서파
		백두산 북파	吉林省延边朝鲜族自治州安图县蓝景温泉度假酒店东侧	백두산 북파

독립유적지 동행하기

지역	구분	이름	주소	책내용
동북	옌지	윤동주 생가	吉林省延边朝鲜族自治州龙井市龙北线明东村	윤동주가 거주한 생가
		무명용사기념비	吉林省延边朝鲜族自治州延吉市公园街道园航社区公园路977号	연변대 뒷산 기념비
		일송정	吉林省延边朝鲜族自治州龙井市琵岩山	해란강변 소나무
		한락연공원	吉林省延边朝鲜族自治州龙井市滨河路泰林公寓西侧约80米	조선의 피카소
		일본총영사관	吉林省延边朝鲜族自治州龙井市六道河路869-1号	조선인 통치를 위한 일본영사관
	훈춘	청산리전투기념비	吉林省延边朝鲜族自治州和龙市二零二省道	김좌진 승리
		봉오동전투입구	吉林省延边朝鲜族自治州图们市水南村	홍범도 승리
		두만강	吉林省延边朝鲜族自治州图们市口岸大街图们江公园	두만강
		변경무역경제구	吉林省延边朝鲜族自治州珲春市经济合作开发区创业路新安路交叉口	북한노동자 근무장소
	하얼빈	안중근의사기념관	黑龙江省哈尔滨市南岗区铁路街1号哈尔滨火车站	이토 히로부미 저격 장소
		조린공원	黑龙江省哈尔滨市道里区友谊路74号	안중근 유묵 표지석
		마디얼호텔	黑龙江省哈尔滨市道里区中央大街89号	남자현여사 활동 장소
		동북항일연군기념관	黑龙江省哈尔滨市南岗区一曼街241号	허형식 소개 박물관
		731부대기념관	黑龙江省哈尔滨市平房区双拥路侵华日军第七三一部队遗址	마루타와 세균전 연구 장소
연해주	블라디보스톡	신한촌		조선인 거주지
	우수리스크	최재형 고택		최재형이 거주한 장소
		이상설 유허비		이상설의 유해를 뿌린 장소
		고려인박물관		연해주 조선인 소개장소
상하이	마당루역	삼일중학교	上海市黄浦区顺昌路616号	인성학교 졸업이후 중학교

지역	구분	이름	주소	책내용
상하이	마당루역	안공근집	上海市黄浦区永年路永年路149弄小区20号	한인애국단 가입 사진 촬영
		의열단숙소	上海市黄浦区顺昌路延寿里西南(新天地地铁站东)	상해거주 의열단 숙소
	신텐디역	대한민국임시정부	上海市黄浦区马当路304号(马当路自忠路)	파리강화회의 파견
		중국공산당1대회지	上海市黄浦区黄陂南路374号	모택동 등 13명의 인물
		인성학교터	上海市黄浦区马当路388号	여운형 등이 설립한 학교
		홍천리	上海市黄浦区淡水路256弄1-7号	한인애국단 숙소
		푸씽공원	上海市黄浦区雁荡路105号	임시정부 요원 휴식처
		김해산 고택	上海市黄浦区雁荡路56弄13-46号	윤봉길 아침식사 장소
		신규식 고택	上海市黄浦区南昌路100弄2号	임시정부 요원
		화합방	上海市徐汇区淮海中路526弄1-84号	윤봉길의사 상해 거주지
		명덕리	上海市黄浦区延安中路545弄1-122号	박달학원 추정지
		남화연맹 터	上海市黄浦区瑞金二路411号	류자명이 조직한 단체
		라오양팡	上海市黄浦区绍兴路27号	두월생 개인집
	쉬자후이역	남국사	上海市徐汇区永嘉路371号	김염이 가입한 협회
		김염 고택	上海市徐汇区复兴西路44弄1-9号	중국의 영화황제
		송경령 고택	上海市徐汇区淮海中路1843号	중국을 사랑한 여인
		빠진 고택	上海市徐汇区武康路113号	류자명 의형제
		음반공장 고지	上海市徐汇区衡山路811号	의용군행진곡 녹음장소
		송경령기념관	上海市长宁区宋园路21号	외국인묘지
	꾸린공원	계림공원	上海市徐汇区桂林路128号	황진룡 개인집
		위안부박물관	上海市徐汇区桂林路100号文苑楼	상해사범대학
	창평루역	니에얼 고택	上海市静安区常德路633弄4-150号	의용군행진곡 작곡가
		완링위 고택	上海市静安区新闸路1124弄9号	김염 활동시기 유명 여배우

독립유적지 동행하기

지역	구분	이름	주소	책내용
상하이	창평루역	메기극장	上海市静安区江宁路66号(近奉贤路)	장개석송미령 결혼 장소
		메트로폴리탄 고지	上海市静安区南京西路1038号梅龙镇广场F10	김학철의 여인 송보경 댄서
		스메들린 거주지	上海市静安区奉贤路68弄西王小区	독일신문 특파원
		캉유웨이은신처	上海市静安区泰兴路445弄	변법자강운동
		아이런리	上海市黄浦区北京西路218弄4-11号	조선인 집단 거주지
		사행창고	上海市静安区光复路1号	상해사변시 항일전투 장소
		황포극장	上海市黄浦区北京东路768号	풍운아녀 상영장소
	대세계역	팔선당YMCA	上海市黄浦区西藏南路123号	윤봉길 저녁식사 장소
		일야은행	上海市黄浦区西藏南路1号	한국노병회 자금 보관 장소
		목은당	上海市黄浦区西藏中路316号	조선이민자 회합장소
		영안백화점	上海市黄浦区南京东路635号永安百货F2	임시정부 요원 사진
		동아반점	上海市黄浦区南京东路690号上海时装商店1楼	고려공산당 창립지
	천동로역	동화반점	上海市静安区北苏州路530号1层	김옥균 피살처
		염업은행	上海市黄浦区北京东路280号	상해교민이 다닌 교회
		상해상업저축은행	上海市黄浦区宁波路50号	김립자금 보관장소
		조선은행	上海市黄浦区四川中路328号b馆	일본이 운영한 은행
		덕화은행	上海市黄浦区四川中路294号	고종 비자금
		회풍은행	上海市黄浦区中山东一路12号	민영익 홍삼만근 보관 은행
		로청은행	上海市黄浦区中山东一路14号212室	고종 비자금
	홍코우공원	윤봉길기념관	上海市虹口区四川北路2288号鲁迅公园内	노신공원
		찡렌쏭고택	上海市虹口区山阴路145弄75号附近	중국국기 제작자

지역	구분	이름	주소	책내용
상하이	홍코우공원	홍덕당	上海市虹口区多伦路67号	안창호 연설 장소
		좌익작가연맹 기념관	上海市虹口区多伦路201弄99号	두군혜활동 단체
		신갑루	上海市静安区虬江路641号	김립피살처
		제일싸롱	上海市虹口区东宝兴路(精武大厦东南侧)	세계 최초 위안소
		중국국기교육관	上海市虹口区四川北路1468号四川北路公园内	오성홍기
		경령당	上海市虹口区昆山路135号景灵堂	윤치호 유학장소
	티란치아오역	육삼정 의거	上海市虹口区塘沽路346号附近	백정기 의거 장소
		유대인기념관	上海市虹口区长阳路62号	유대인 거주 지역
		중국국가전시관	上海市杨浦区荆州路151号1层	풍운아녀 촬영장소
	푸씽다오역	윤봉길 교도소	上海市杨浦区许昌路纺三小区	홍코우의거 후 이관된 장소
	황싱공원역	호강대학	上海市杨浦区湛恩大道上海理工大学	김현택 다닌 학교
	청푸신청역	푸서웬	上海市青浦区外青松公路7270弄600号	김염 묘소
	남상역	입달학원	上海市嘉定区南翔镇柴塘	류자명이 교사로 근무한 학교
화동	웨이하이	류공도	山东省威海市海滨北路101-2号	양무운동 집결지
	옌타이	연태산	山东省烟台市芝罘区历新路7号	작은 조계지
	난징	천녕사	江苏省南京市江宁区汤山林场长山管理区	조선혁명정치군사 간부학교
		리지샹 위안부박물관	江苏省南京市秦淮区利济巷2号	아시아 최대 위안소
		주화한교선무단	江苏省南京市秦淮区复成新村(马路街西)	조선인 무사귀환 업무 수행
		항일공군묘역	江苏省南京市玄武区蒋王庙街289号	국민당 공군 묘역
		남경대학	江苏省南京市鼓楼区汉口路22号南京大学鼓楼校区	금릉대학
		남경대학살기념관	江苏省南京市建邺区水西门大街418号	일본의 중국인 대학살
		난징고루전화국	江苏省南京市秦淮区游府西街8号	정율성 남경근무지

지역	구분	이름	주소	책내용
화동	난징	명덕여자학원	江苏省南京市秦淮区莫愁路419号	김순애가 다닌 학교
		호가호원	江苏省南京市秦淮区胡家花园1号	조선의용대 주거지
		고와관사	江苏省南京市秦淮区双塘街道花露北岗12号	민족혁명단 요원 주거지
		정화박물관	江苏省南京市秦淮区太平巷35号	정화대원정 박물관
	쩐장	임시정부기념관	江苏省镇江市润州区宝盖路杨家门23号润州区文化馆内	임시정부기념관
		펄벅기념관	江苏省镇江市润州区润州山路6号B幢	소설 대지의 작가
	지아씽	김구피난처	浙江省嘉兴市南湖区梅湾街76号	상해에서 피난시 거주 장소
		범려호공원	浙江省嘉兴市南湖区环城南路703号	오나라 서시와 범려 소개
		남호혁명박물관	浙江省嘉兴市南湖区烟雨路186号	공산당1대회 마지막 장소
	항저우	임시정부기념관	浙江省杭州市上城区长生路55号	상해에서 피난시 거주 장소
		사흠방	浙江省杭州市上城区孝女路思鑫坊	임시정부 요원 거주지
		오복리	浙江省杭州市上城区板桥路与仁和路交叉路口往西北约70米	임시정부 요원 거주지
	쑤저우	경해여자사범학교	江苏省苏州市姑苏区十梓街1号苏州大学本部内	권애라가 다닌 학교
		졸정원	江苏省苏州市姑苏区东北街178号	안창호가 방문한 장소
		충왕 이수성박물관	江苏省苏州市姑苏区东北街204号	의화단운동
	샤오씽	노신고택	江苏省绍兴市越城区鲁迅中路241号	중국의 대문호
	닝보	닝보박물관	浙江省宁波市鄞州区首南中路1000号	최부 표류기
	양저우	최치원기념관	江苏省扬州市邗江区平山堂东路20号	최치원 활동장소